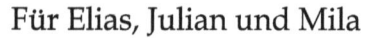

Für Elias, Julian und Mila

Eberhard Pusch

Kindheit in der Goldenen Aue

Ein Stück Zeitgeschichte aus dem geteilten
Deutschland

© 2017 Eberhard Pusch
Umschlag, Illustration: Eberhard Pusch und Hanna Feld
Lektorat, Korrektorat: Anne-Marie Pusch
Verlag: tredition GmbH, Hamburg

ISBN
978-3-7439-0976-2 (Paperback)

Printed in Germany

Warum diese Lebenserinnerungen

Mit dem Eintritt in den Ruhestand wurden für mich die Fragen, wer bin ich, warum ist mein Leben so abgelaufen und was ist überhaupt der Sinn des Lebens, wieder dringender. Um darauf eine Antwort zu finden ist es natürlich zweckmäßig, sich zu erinnern und festzuhalten, wo man hergekommen ist, wer die Ahnen waren und was da so alles geschehen ist, angefangen von meiner Kindheit.

Es ist etwas ganz Besonderes, das eigene Leben und das Treiben der gesamten Menschheit aus der Ich-Perspektive zu sehen. Das gilt freilich für jeden anderen der Milliarden von jetzt Lebenden und der Unzähligen, die ihr Dasein schon hinter sich gebracht haben. Viele Menschen haben auch schon berichtet von den Wegen, die sie gegangen sind, von Träumen, die sie versucht haben zu verwirklichen, von den Herausforderungen, die sie angetrieben haben.

In der Frühzeit der Menschheit waren es hauptsächlich Naturerscheinungen, die Konstellation der Gestirne am Himmel, Sonne, Regen, Blitz und Donner, die, mangels Erklärungen, zu Gottheiten gemacht wurden und deren Wohlwollen man auf verschiedenste Weise zu erflehen versuchte. Auch nachdem man Erklärungen für viele Naturphänomene gefunden hatte, war es praktisch, wenigstens einen Gott zu behalten, und die Angst vor dem Tod und den Widrigkeiten des täglichen Lebens mit dem Versprechen auf ein weiteres, besseres Leben danach zu begrenzen. Damit konnte man die Menschen abhängig und gefügig machen. Auch hatte es sich so eingerichtet, dass es zwischen den Menschen immer Neid und Zwietracht gab. Kain erschlug seinen Bruder Abel angeblich, weil er neidisch auf dessen besser brennendes Feuer war. Solcher Streit wiederholte sich, weitete sich auf ganze Familien, Stämme und Völker aus und steigerte sich zu chaotischen, geradezu apokalyptischen Ereignissen, die man Kriege nannte. Ausgerechnet von unserer europäischen Gesellschaft, in der eine Mehrheit glaubte, den einzigen richtigen und gnädigen Gott zu verehren, gingen im vergangenen Jahrhundert zwei solcher Kriege aus, die sich zu so genannten Weltkriegen entwickelten.

Mitten im Zweiten Weltkrieg, der von einem Verrückten und einer Horde von Mitläufern angezettelt worden war, die behaupteten ihrem Volk fehle Raum und die sich einbildeten einer besseren Rasse anzugehören, wurde mein Leben in Gang gesetzt. Es ist schwer vorstellbar, dass man in einer Zeit, in der man das Ende schon hätte ahnen müssen, bewusst Nachwuchs in die Welt setzt. Es kam so, wie es kommen musste. Das Volk wurde besiegt und gestraft, auf noch engerem Raum zusammengedrängt und auch noch geteilt, in ein Land mit und in ein solches ohne Gott. In einen Osten, dem Einflussgebiet der Siegermacht Sowjetunion, und einen Westen, in dem die Alliierten, Frankreich, Großbritannien und die USA, das Sagen hatten. In ein Land mit einer christlich und ein solches mit einer atheistisch orientierten Gesellschaftsordnung.

In den ersten Jahren nach dem Zweiten Weltkrieg waren die unterschiedlichen Gesellschaftssysteme allein schon durch die vielfältigen familiären Beziehungen noch eng verknüpft. Auch die Verlockungen des sich offensichtlich besser entwickelnden und funktionierenden kapitalistischen Westens wirkten sich auf die Entwicklung des „real existierenden Sozialismus" im Osten negativ aus. Etwa 200 000 Menschen wechselten jährlich vom Osten in den Westen, von dem seit 1949 offiziell selbständigen Staat DDR (Deutsche Demokratische Republik) in die BRD (Bundesrepublik Deutschland).

Das hatte zur Folge, dass der „Eiserne Vorhang", die Grenze zwischen Ost und West, immer dichter gemacht wurde. Konnte man bis 1961 noch nach Westberlin einreisen bzw. mit der S-Bahn durch Westberlin fahren (freilich unter Kontrolle der Personalien und der mitgeführten Waren) und dort auch aussteigen, machte man von Seiten der DDR eines Tages die Grenze dicht. Man fing am 13. August 1961 an, sogar eine Mauer durch Berlin zu bauen. Auch die gesamte Landesgrenze zur BRD wurde durch Grenzanlagen (mehrfache Stacheldrahtzäune, befahrbarer Grenzweg, Wachtürme und Wachmannschaften mit Schießbefehl bei Fluchtversuchen und sogar Selbstschussanlagen) schier unüberwindbar gemacht. Fast 1000 Menschen kamen in den ersten Tagen des Mauerbaus und später bei dem Versuch der „Republikflucht", ein Vergehen, dass mit mehrjähriger Haftstrafe geahndet wurde, ums Leben. Zum Glück hatten sich meine Eltern schon vorher entschlossen, den Osten in Richtung Westen zu verlassen. Eine Zäsur, die gewissermaßen meine Kindheit abschloss, über die ich in diesem ersten Teil meiner Lebenserinnerungen berichten will.

Die Herkunft

Schon im frühen Mittelalter kamen, von böhmischen Herrschern gerufen, Bauern, Handwerker und Bergleute von Westen über die Randgebirge nach Böhmen. Sie sicherten auch gewissermaßen die Grenze und trugen viel zur Entwicklung des Landes in materieller und kultureller Hinsicht bei. Auch die Heirat deutscher Frauen durch böhmische Herrscher brachte deutschen Einfluss, Ratgeber und deutsche Sitten ins Land. Seit dem ersten Habsburger blieben die böhmischen Gebiete trotz vieler kriegerischer Verwicklungen (Einfall der Türken, Dreißigjähriger Krieg, Schlesische Kriege) bis 1918, dem Ende des Ersten Weltkriegs, mit der österreichisch-ungarischen Monarchie verbunden.

Mein Vater stammte aus Schwaz, einem kleinen Örtchen bei Dux, das auf der böhmischen Seite am Fuße des Erzgebirges liegt. Dort wurde vor allem Kohlenbergbau betrieben, mit dem entsprechenden Einfluss auf die Landschaft. Daneben gab es Maschinenbau und Glas-, Keramik- und Porzellanindustrie.

Mein Großvater, Josef Pusch der Ältere, war Landbriefträger. Er lebte in einem kleinen Häuschen mit Garten und brachte von seinen Touren fast jeden Tag etwas Essbares mit nach Hause, als Dank für die Überbringung einer gelegentlich lange erwarteten Nachricht. Im Übrigen las er zwei Tageszeitungen und saß gern im Garten oder vor dem Haus, sein Pfeifchen paffend. Seine Frau, ein liebes, fleißiges und sehr ordentliches Mütterchen, besorgte Haus und Garten. Sie hatten drei Kinder. Der älteste Sohn, Josef der Jüngere, also mein Onkel Sepp, arbeitete als Schlosser im Bergbau. Er heiratete eine liebenswerte Frau und bekam 1929 die Tochter Erika. Die Tochter Anna, also Tante Annl, hatte früh geheiratet und brachte das kleine Töchterchen Hilde aus der bald gescheiterten Ehe in die großelterliche Familie. Wegen des großen Altersunterschieds wurde diese Cousine von uns Kindern auch Tante Hilde genannt.

Mein Vater Emil wurde als Nachzügler 1909 geboren. Warum er zur kaufmännischen Ausbildung nach Gablonz geschickt wurde, ist mir nicht mehr genau in Erinnerung. Aber es lebte dort eine kinderlose Tante, bei der er wohnte und von der er wohl auch verwöhnt wurde. Mein Vater wusste manche Geschichte aus seiner Kindheit und dem Haus seiner Eltern zu erzählen. So muss es ein fürchterliches Gepolter im Hof gegeben haben, als man bei einem physikalischen Versuch die Behauptung des älteren Nachbarjungen überprüfen wollte, dass der Luftdruck den Boden eines Topfes eindrücken würde, wenn man diesen aus entsprechender Höhe herabfallen ließe. Das Giebelfenster im Dachboden schien dafür geeignet und damit auch die Beschleunigung so richtig stimmt, hatte man den Topf mit Kartoffeln gefüllt. Wo Bergbau betrieben wird gibt es auch Sprengstoff. Wenn man einen solchen zur richtigen Zeit in der richtigen Menge unter den Wurzeln des großen Birnbaums in der Nachbarschaft zur Explosion bringt, macht dieser einen entsprechenden Satz nach oben und entledigt sich schlagartig der zentnerschweren Früchtelast. Und dann die Ministrantengeschichten! Auch aus der Zeit bei Tante und Onkel, diesem muss der Schalk im Nacken gesessen haben, erzählte er manches Anektötchen.

Dass Onkel Sepp 1942 das elterliche Haus per Übergabevertrag vom 17.10.1942 übernommen hatte, geht aus einem noch erhaltenen Bescheid der Wertzuwachs-Steuerstelle des Finanzamtes Dux hervor. Gemäß einer Verordnung wurde eine Wertzuwachssteuer nicht erhoben. Es gab wohl keinen Streit zwischen den Geschwistern über die vorgezogene Erbschaft, aber die Tatsache der Hausübergabe wurde schon mal erwähnt. Er hatte nicht lange Freude an dem Besitz, denn da er nach dem Krieg ebenfalls in die SBZ (Sowjetische Besatzungszone) ausgesiedelt wurde, gab es nicht einmal den später im anderen Teil Deutschlands organisierten Lastenausgleich dafür. Nur Tante Annl kam damals gleich mit der Familie ihrer Tochter Hilde in den Westen, nach Kaufbeuren.

Bei der Lehrstelle meines Vaters in Gablonz, einer jüdischen Handels- und Exportfirma für Modeschmuck, begann zur gleichen Zeit auch das junge Mädchen Anna Neumann ihre Lehre als Buchhalterin. Sie kam aus einem kleinen Dörfchen in der Nähe von Gablonz und hatte mit acht Jahren ihre Mutter verloren. Sie hatte zwar eine um acht Jahre ältere Schwester, da der Vater aber, man befand sich im Jahr 1917, im Krieg war, muss die Kindheit nicht leicht gewesen sein. Später bekam sie eine ungeliebte Stiefmutter. Meine Groß-mutter stammte aus einer großen Familie mit noch zwei Schwestern und sechs Brüdern. Sie waren alle geschickt und fleißig, mussten frühzeitig aus dem Haus, schon allein des-halb, weil es viel zu klein für eine so riesige Familie war und hatten bald ihre eigenen Firmen. Meine Großmutter über-nahm dann das Häuschen mit ihrem feschen Mann, der ge-lernter Zimmermann war und wohl eine Zeit lang auch eine Gastwirtschaft betrieben hatte. Meine Mutter erzählte oft davon, dass sie, bis zum tragischen Tod ihrer Mutter, eine verträumte Kindheit zwischen Blumen und Blüten in grü-nen Wiesen verlebt hat. Da ihr Vater wieder geheiratet hatte, bekam sie eine zwölf Jahre jüngere Halbschwester, die Em-mi, und noch einmal zehn Jahre später einen Halbbruder, den Max. Während der Ausbildung lebte meine Mutter dann bei Tante Betty und Onkel Rudolf, der damals schon ein Kino betrieb und deshalb Kino-Wenzel genannt wurde. Auch wenn das für damalige Verhältnisse moderne Anwesen in Reichenau, das sogar eine eigene Stromversorgung besaß, näher an Gablonz lag, war der Weg zu Fuß in die Arbeit, vor allem in den dort strengen und schneereichen Wintern, eine echte Strapaze. Kaum vorstellbar in unserer heutigen Zeit. Später, als sie ausgelernt hatte und eigenes Geld verdiente, nahm sich meine Mutter ein Zimmer bei einer Familie in Gablonz, die später, nach der Aussiedlung, in unserer Nähe im Harz wohnte und zu unseren Freunden zählte. Voller Stolz erzählte meine Mutter vom Kauf einer Wintersportausrüstung nach dem Erhalt des ersten selbstverdienten Geldes. Ende der zwanziger bis Mitte der dreißiger Jahre des letzten Jahrhunderts muss eine schöne Zeit gewesen sein. Ihre Freizeit verbrachten meine Eltern und ihre Freunde mit vielen Ausflügen in die herrliche Landschaft des Iser- und Riesengebirges.

In Gablonz und Reichenberg (die etwas größere Nachbarstadt), die damals schon mit einer elektrischen Straßenbahn verbunden waren, gab es 1930 mehr als 70 000 Einwohner, 80% davon Deutsche. Zu Beginn der Nazizeit hatten sich viele Künstler, vor allem die jüdischen, wegen der Repressalien im „Reich" zunächst ins deutschsprachige Ausland abgesetzt. Dort konnte man noch auftreten und so kamen viele nach ihren Auftritten in Prag auch nach Gablonz und Reichenberg. Es gab, zumindest für einige Jahre, eine kulturelle Blüte in dieser Region. Die jüdischen Arbeitgeber meiner Eltern versuchten natürlich der Entwicklung in Deutschland, mit den Expansionsgelüsten nach Österreich und in die Grenzgebiete der Tschechoslowakei, Rechnung zu tragen. Sie verlagerte einen Teil ihrer Aktivitäten ins westliche Ausland. So gingen meine Eltern 1937/1938 als Buchhalter nach Paris. Es mussten offensichtlich, so klang es jedenfalls in den Erzählungen, verschiedene unterschiedliche Buchhaltungen geführt werden. Meine Eltern arbeiteten in dieser Zeit viel, lebten aber für damalige Verhältnisse in Luxus. Der elegante Pelzmantel meiner Mutter aus dieser Zeit war später Grundstock für unser Mobiliar in der Heimat meiner Kindheit. Die goldene Omega-Taschenuhr schenkte mir mein Vater zum 31. Geburtstag. Wie diese kostbaren Güter trotz der Vertreibung in unserem Besitz geblieben sind, wird später noch erzählt. Meine Eltern wären als Deutsche in Frankreich interniert worden, so entschieden sie sich für die Heimkehr ins „Reich". Böhmen und Mähren waren ja inzwischen zum Protektorat erklärt worden. Sie arbeiteten wieder in Gablonz und heirateten Silvester 1938. Wie das mit dem Arbeitgeber in dieser Zeit alles so abgelaufen ist, wurde nur vage überliefert. Tatsache aber ist, dass einige der ehemaligen Angestellten nach dem Krieg wieder Kontakt zur Unternehmerfamilie hatten.

Natürlich wurde mein Vater „eingezogen", musste also Militärdienst leisten. Er war erst als Besatzungssoldat in Frankreich und wurde dann schon 1941 an der Ostfront schwer verwundet. Nur aufgrund glücklicher Umstände hatte er überlebt. Ein Lazarettflugzeug, der legendäre Fieseler Storch, hatte ihn in ein Krankenhaus mit damals noch guter medizinischer Versorgung gebracht. Im Dezember 1940 wurde meine Schwester geboren und meine Mutter litt danach, was aufgrund der schweren Kindheit und der Kriegsereignisse nicht verwunderlich ist, unter Depressionen. Darüber, wie das Familienleben in den folgenden Jahren abgelaufen ist, wurde in meiner Kindheit wenig gesprochen. Aber es ist schwer vorstellbar, dass ich als 1944 Geborener ein „Wunschkind" gewesen bin. Gewisse Beziehungen ins bäuerliche Umfeld des mütterlichen Großvaters halfen wohl bei der Versorgung der Familie. Auch ist überliefert, dass noch die eine oder andere Scheibe Brot irgendwelchen armen Kriegsgefangenen zugesteckt wurde. So etwas war damals streng verboten, wurde aber später indirekt belohnt.

Mit Mutter und Schwester in Gablonz

Aussiedelung, Flucht, Vertreibung

Eigentlich gab es drei unterschiedliche Gruppen von Menschen, die ihre Heimat verloren hatten. Einmal die, die aufgrund der Bombenangriffe auf die größeren Städte ihre Wohnung verloren hatten, die, die aus den Ostgebieten tatsächlich vor der immer weiter vorrückenden Front auf der Flucht nach Westen waren und die, die nach dem Krieg aus ihrer Heimat vertrieben wurden. Alle diese Menschen waren natürlich dort, wo sie zwangsweise angesiedelt wurden, nicht sehr beliebt. Häufig wurden sie einfach mit dem Sammelbegriff Flüchtlinge belegt, in Bayern gern auch mit dem um zwei Silben erweiterten Begriff „d`Huraflüchtling". Wir gehörten zur dritten Gruppe.

Mein Vater war nach leidlicher Genesung nicht mehr für den Fronteinsatz zu gebrauchen und bis Kriegsende bei irgendwelchen Versorgungsstellen der Wehrmacht tätig. Aus Erzählungen ist mir noch in Erinnerung, dass manche seiner Kollegen Tag und Nacht die Bestände überwacht und jedes Paar Socken zigmal gezählt, andere einfach grobe Schätzungen in die Bestandslisten eingetragen hätten. Als gewissenhafter Buchhalter hat mein Vater wohl eher zur ersten Gruppe gehört. Jedenfalls kam er im Frühjahr 1945 im Raum Frankfurt/Oder in russische Kriegsgefangenschaft. Den Sommer verbrachte er in irgendwelchen Kriegsgefangenenlagern, wo man zum Teil im Freien lebte. Aus dieser Zeit stammte ein topfähnliches Gefäß mit Stielgriff, dessen Fassungsvermögen mehr als zwei Liter betrug. Es diente in meiner Kindheit als Schöpfer für das Badewasser und als Duschersatz zum Abspülen des Seifenwassers am Ende der Badeprozedur in der Sitzbadewanne aus Zinkblech. Im Kriegsgefangenenlager war es ein idealer Fressnapf, da es groß und die Öffnung breiter als der Boden war. Bei der Essensausgabe wurde dadurch kaum etwas verkleckert und ein Schöpfer Suppe verlor sich darin fast, was gelegentlich zu einem Nachschlag beim Einschenken führte. Eine mitleidige russische Ärztin entließ Vater Anfang des Herbstes. Er hatte ein Auge verloren und seine Verletzungen im Brust- und Bauchbereich sahen schon schlimm aus. Für uns Kinder war es auch immer irgendwie schauerlich, wenn wir gelegentlich die verbliebenen Splitterreste in den Armen unseres Vaters ertasten durften.

Die Vertreibung oder Aussiedelung der deutschen Bevölkerung begann schon kurz nach dem Krieg in mehreren Wellen. Meine Mutter erzählte, dass manche Leute ihre Wohnung bei der Rückkehr von Besorgungen versiegelt vorfanden und sich nur so wie sie waren, ohne irgendeine Habe, an Sammelstellen einfinden und irgendwelchen Flüchtlings- oder Vertriebenentrecks anschließen mussten. Meine Mutter fiel nicht darunter, weil sich meine Eltern immer anständig gegenüber der tschechischen Bevölkerung verhalten hatten. Das ließ sich meine Mutter sogar in einem „Persilschein", der noch erhalten ist, von zwei so genannten „Antifaschisten" bestätigen. Auch die registrierten Antifaschisten mussten später das Land verlassen oder zogen es vor, das zu tun. Sie durften mehr Gepäck mitnehmen und so nahm sich die Familie Strala, die dann nach Kaufbeuren-Neugablonz ausgesiedelt wurde, auch des kostbaren Pariser Pelzmantels meiner Mutter an. Später kam dieser über Westberlin wieder in unseren Besitz. Meine Mutter hatte ein paar Tage Zeit zum Packen. Wäsche und alles Mögliche, was so in zwei Koffer und einen Kinderwagen geht und was später zum Teil in Lebensmittel eingetauscht wurde. Die goldene Taschenuhr wurde kunstvoll in einen Stoffball eingenäht, und zusammen mit zwei weiteren Bällen meiner Schwester, einem fast fünfjährigen Mädchen, in einem Netz um den Hals gehängt. Dass einer dieser Bälle unverhältnismäßig schwer war, fiel nicht auf. Komischerweise ging auch das schön gestaltete Fotoalbum von der Venedigreise meiner Eltern 1936 mit auf die Flucht. Das Bedürfnis des Menschen, sich an schöne Erinnerungen zu klammern, ist offenbar groß. Der direkte Weg über Zittau, an dem zerbombten Dresden vorbei, heim ins „Reich" bzw. in die Sowjetische Besatzungszone (SBZ) war ja nicht so weit und es muss wohl alles einigermaßen geordnet abgelaufen sein.

Durch irgendwelche glückliche Zufälle hatte mein Vater in dem gigantischen Chaos am Kriegsende, nach seiner Entlassung aus der Kriegsgefangenschaft, Kontakt zu seiner Familie gefunden. Mein Vater hatte angeblich die Wahl zwischen zwei verschiedenen Aussiedelungsorten in der SBZ. Auf einer Landkarte hatte er erkannt, dass einer der Orte in einer fruchtbaren Gegend lag. Dort gab es auch Wald in der Nähe. Grundnahrungsmittel und Feuerholz für den Winter waren in dieser Zeit wohl das Wichtigste für das Überleben einer Familie. So landeten wir Anfang November 1945 in Heygendorf an der Helme, einem Flüsschen, das im Harz entspringt und erst nördlich, dann östlich vom Kyffhäuser, dem kleinsten Mittelgebirge Europas, entlang fließt. Wenige Kilometer südlich von Heygendorf mündet die Helme in die Unstrut, die sich dann in die Saale ergießt, welche wiederum ein Nebenfluss der Elbe ist. Die Flussebene um die Helme, die von einigen Höhenzügen umgeben ist, wird Goldene Aue genannt.

Mir ist bekannt und ich kann bestätigen, dass die Eheleute Emil und Anny Pusch,wohnhaft gewesen in Jablonec n.N.Vídenňská 62 / Gablonz a.N. Wienerstrasse 62 / sich in keiner Weise politisch betätigt haben,insbesondere nicht in nazistischem Sinne.Weiter war ihr Verhalten gegenüber der čechischen Bevölkerung immer loyal und freundschaftlich.

Jablonec n.N.,30.10.1945.

[Unterschrift] Rösler
Jablonec n. N. / nov. domah 15
Antifa Leg. Nr. 80

Leopold Hadla
Gablonz a/N. Wienerstraße 64
Antifa Leg. Nr. 66

Persilschein

23

Erinnerungen an Erzähltes, erste eigene Erinnerungen

Die Geschichten aus meiner frühen Kindheit stammen natürlich nicht aus eigener Erinnerung. Es sind Geschichten von Begebenheiten, die immer wieder erzählt wurden. Wir waren im Souterrain eines winzigen Häuschens untergebracht worden. Gegenüber wohnte ein kinderloses Ehepaar, die Jedermanns. Dort daneben wohnte die Mutter der Frau Jedermann, eine Frau Gelhar, die in Ermangelung eigener Enkel, die Kleinen von gegenüber in gewisser Weise ins Herz geschlossen hatte. Ich, ein blondes Lockenköpfchen von eineinhalb Jahren, war natürlich der Schutzwürdigste der Familie, aber auch meine Schwester Sigrid, ein lebendiges, fast fünfjähriges Mädchen, war beliebt. Aus einem weißemaillierten Blechschüsselchen von Frau Gelhar (später der Fressnapf von Kater Schnurr) habe ich angeblich täglich meine Ration Kartoffeln und Möhren, die Hauptnahrungsmittel in dieser Zeit, mit viel Freude verzehrt. Mein wichtigstes Kleidungsstück war damals eine lange, hellblaue Hose mit weiten, unten mit Gummizug abgeschlossenen Hosenbeinen, die so genannte „Pumphose". Darin hütete ich alle mir wichtigen Gegenstände und Spielsachen. Gelegentlich auch allgemein nützliche Dinge. So wurde dort letztlich eine bereits längere Zeit schwer vermisste Schere gefunden. Obwohl ich damals schon keine Windeln mehr gebraucht habe, bleibt mir in diesem Zusammenhang aber rätselhaft, wie das mit dem Entleeren der Hosenbeine beim Schlafengehen abgelaufen ist. Von meiner Schwester wurde ich mit der Bezeichnung „kleiner Hamster" geneckt. Das muss mir gefallen haben, denn ich habe mich danach angeblich häufig mit „Ala Amster" (Ala nannte ich meine Schwester) vorgestellt. Als mein Vater einmal die Wohnung verlassen hatte, eigentlich nur um das Plumpsklo draußen im kleinen Hof aufzusuchen, sei ich ihm nachgelaufen, seinen Rucksack hinter mir her schleifend, mit den Worten: „Vati, Vati, Huckas (Rucksack) (ver) gessen". Dieser, damals ein noch guter Militärrucksack, war ein wichtiges Requisit in dieser Zeit. Er war ständiger Begleiter meines Vaters auf dem Weg in die Arbeit und auch sonst wichtigstes Utensil für jedwede Beschaffung. Die Goldene Aue war fruchtbares Ackerland und damals wurden hauptsächlich Getreide und Zuckerrüben, aber auch Kartoffeln und andere Feldfrüchte wie Kraut und Mohrrüben (Möhren) angebaut. Die Zuckerrüben wurden in der Zuckerfabrik der Kreisstadt Artern verarbeitet und dort gab es nach der Ernte Arbeit. Auf dem Weg dorthin und zurück war jede Hosen- und Jackentasche und natürlich der Rucksack wichtig für Fundgegenstände wie Acker- und Baumfrüchte, Feuermaterial und dergleichen. Jeder Krümel an Ess- oder sonst Verwendbarem wurde zu Hause sorgfältig verarbeitet.

Der Nachbar Herbert Jedermann war ein umtriebiger Zeitgenosse. Was er vor und während des Krieges gemacht hat, ist mir nicht in Erinnerung, aber danach bewies er Geschick in vielfältiger Weise. Er konnte einen Mann mit Talent und dem unbändigen Willen, eine Familie zu ernähren, schon manchmal gebrauchen. Da er eine Dreschmaschine besaß, gab es damit auch einige Wochen im Spätsommer viel Arbeit. Gedroschen wurde das Getreide bei den größeren Bauern in deren Hof und für die kleineren Bauern wurde die Dreschmaschine an der Heygendorfer Drift direkt an der Chaussee aufgestellt. Die Ortsangaben sind auch im Orts- und Umgebungsplan von Heygendorf dargestellt. Angetrieben wurde die Dreschmaschine über lange Treibriemen von einem Elektromotor oder einem der wenigen Traktoren (Bulldogs) die es damals schon bzw. noch gab. Alle diese Maschinen und Aggregate waren natürlich Vorkriegsmodelle. Gegenüber, auf der anderen Seite der Drift, war die Schlosserwerkstatt, die von einem bärtigen Mann betrieben wurde, der wohl früher auch zur See gefahren war und deshalb immer der Seebär genannt wurde. Erst einige Jahre später wurde dieser Ort für uns Jungs von größerem Interesse.

Aus der Erzählung von einer Begebenheit ist mir der Spruch einer Bäuerin bei der Ausgabe des Mittagessens während der Drescharbeiten in ihrem Hof besonders in Erinnerung. Neben dem kräftigen Eintopf wurden auch noch Brot und viele Scheiben Speck aufgetischt, die gar nicht alle aufgegessen wurden. Begonnen wurde das Mahl mit dem Spruch: „Es darf alle werden, aber reichen muss es". Bei dem Gedanken an die hungrige Familie zu Hause ließ mein Vater nach dem Mahl seine Mütze im Zimmer liegen. Er stürzte später mit der Bemerkung, diese holen zu müssen, zurück in die Stube. Dort raffte er nicht nur seine Mütze an sich, sondern stopfte sich auch ein paar Scheiben des köstlichen Specks in die Taschen seiner staubigen Arbeitsjacke. Zu Hause wurde der Dreck vorsichtig abgekratzt, den Rest erledigte die Hitze in der Bratpfanne. Den zitierten Spruch der Bäuerin verwendete ich später noch gelegentlich scherzhaft in meiner Familie um auszudrücken, sich beim ersten Füllen des Tellers etwas zu mäßigen und lieber etwas nachzunehmen. Noch heute hasse ich es, wenn sich Leute am Büfett den Teller vollknallen und dann die Hälfte stehen lassen.

In dieser Zeit wurde auch das eine oder andere Stück Bettwäsche, welches bei der Vertreibung mitgenommen worden war, gegen Lebensmittel eingetauscht. Direkt Hunger gelitten haben wir aber aufgrund der örtlichen Verhältnisse und der Tatsache, dass Vater am Leben und nicht irgendwo in Kriegsgefangenschaft war, nicht.

Damals schor mich der Frisör, der zwei Häuser weiter wohnte, Otto Ehrt – seine jüngste Tochter Monika ging später mit mir in die Schule - kahl. Ich wurde meiner Lockenpracht beraubt, um Ungezieferbefall vorzubeugen und weil dann angeblich die Haare kräftiger nachwachsen. Mit Glatze habe ich mir aber gar nicht gefallen, denn irgendwo wird es selbst damals einen Spiegelscherben gegeben haben. Später muss jeder Weg zum Frisör ein fürchterliches Drama gewesen sein.

Erstes Gekritzel

Umzug in eine größere Wohnung

Ende 1947 oder Anfang 1948 muss es meiner Mutter gelungen sein, eine größere Wohnung zu ergattern, die im Obergeschoss eines kleinen Hauses gegenüber vom Gasthaus und der Fleischerei lag und aus einer Wohnküche und einem Schlafzimmer bestand. Wenn ich mich nicht täusche, wurden in dem Fleischerladen auch ein paar andere Lebensmittel gehandelt. Zumindest an ein Sauerkraut- und ein Gurkenfass kann ich mich noch sicher erinnern. Unter uns wohnte die Hausbesitzerin, eine verwitwete oder zumindest allein stehende Frau, etwa 15 Jahre älter als meine Eltern, die stets über Kopfschmerzen klagte und deshalb immer mit einem Kopftuch herumlief. Sie legte Wert auf größtmögliche Ruhe. Neben unserer Wohnung oben, lebte in einem kleinen Zimmer noch ihre Tochter mit Mann, damals kinderlos. Was die beiden beruflich gemacht haben, weiß ich nicht mehr. Er war aber ein naturverbundener Typ und hielt sich ein Frettchen als Haustier.

Aus dieser Zeit, ob wir schon umgezogen waren ist mir nicht in Erinnerung, stammen die ersten und einzigen schriftlichen bzw. zeichnerischen Dokumente meiner frühen Kindheit. Mein darauf von meinem Vater vermerktes Alter weist auf das Frühjahr 1948 hin. Auch die Motivwahl (Schneeglöckchen) entspricht der Jahreszeit. Diese waren

30

allenthalben in kleinen Vorgärten zu sehen, allerdings ohne die darunter dargestellten Pilze. Die Buchstaben und Ziffern habe ich wohl meiner Schwester nachgemalt, die damals ja schon ein Schulmädchen war.

Im Sommer 1948 erkrankte ich schwer. Hohes Fieber, man sprach von Masern, die nach innen gegangen seien. Wahrscheinlich kam auch noch eine Lungenentzündung dazu. Ich wurde schwächer und schwächer. Doktor Rauch (genannt Fränzchen) aus Allstedt, konnte meiner Mutter keine Hoffnung mehr machen, als eine Bekannte, eine Flüchtlingswitwe, die sich allein mit drei Jungen durchs Leben schlagen musste, meiner Mutter ein Kännchen echten Bohnenkaffee vorbei brachte. Dr. Rauch flößte mir ein paar Löffelchen davon ein und ich überstand die als entscheidend prognostizierte Nacht. Danach ging es wieder langsam aufwärts. Ich erinnere mich düster an Stunden, wo ich alle paar Minuten in ein frisches kühles Bett wollte und so ständig durch alle vier Betten wanderte. Später gab es etwas frisches Obst, welches Vati in seinem Essgeschirr vom Dreschplatz mitbrachte. Ich war noch wochenlang schwach und auf Spaziergängen wurde immer noch der Sportwagen für mich mitgenommen. Auch erinnere ich mich, in diesem Herbst meine Schuhe reklamiert zu haben. Da die turnschuhähnlichen Halbschuhe zu klein geworden waren, wurden die Kappen über den Zehen abgeschnitten. Die Zehen (immerhin in Socken) schauten heraus. In der herbstlichen Kühle und überhaupt hielt ich es nicht für passend und muss anklagend darauf verwiesen haben. Meine Eltern mussten mich damit trösten, dass es halt keine Schuhe zu kaufen gäbe. Manche Kinder liefen damals barfuß in klobigen selbst geschnitzten Holzschuhen herum.

Im darauf folgenden Jahr schloss ich Freundschaft mit dem schräg gegenüber wohnenden Jungen. Er hieß Hans-Joachim Friedrich und wurde dann später immer nur Hammi genannt. Hammis Großeltern hatten dort ein kleines Häuschen, in dem die ganze Familie wohnte. Auch später verbrachten wir gemeinsam viel Zeit in dem kleinen Hof und dem Garten hinter dem Haus. Wir traten jahrelang fast immer nur als Paar auf, es sei denn, es kamen noch andere Schulfreunde dazu. Die Leute im Dorf konnten häufig nicht unterscheiden wer der Friedrich und wer der Pusch war.

Ich wurde zwar häufig ermahnt, nicht über den Onkel zu gehen (also beim Laufen die Fußspitzen nicht einwärts zu stellen) und die Füße zu heben, denn ich neigte zum Stolpern. Das wurde mir auch einmal mit einem Vierpfundlaib Brot im kleinen Rucksack auf dem Rücken, auf dem Heimweg vom Bäcker, zum Verhängnis. Ich fiel hin. Der Arm tat zwar etwas weh, aber etwas Tröstung und Ablenkung durch

Spielen mit der Schwester halfen zunächst. Als die Jammerei gegen Abend aber schlimmer wurde, beschloss man mich doch zum Arzt zu bringen. Zum bereits bekannten Doktor Rauch nach Allstedt. Da Vati nicht zu Hause war, erklärte sich unser junger Wohnungsnachbar bereit, mich auf der Querstange des Fahrrads sitzend, festhalten war nur einhändig möglich, nach Allstedt zu bringen. Leider hatten wir eine Reifenpanne und so wurde ich einem anderen, völlig fremden Mann übergeben, der zufällig in derselben Richtung unterwegs war. Bei Fränzchen (Dr. Rauch) abgegeben, wurde ich untersucht und während dieser seinen Gips anrührte, bekam ich erst einmal von seiner Frau einen Kirschkuchen – er schmeckte wunderbar. Da inzwischen die Dunkelheit angebrochen war und es auch sonst keine Möglichkeit des Heimtransports gab, fuhr mich Fränzchen in seinem Vorkriegs-DKW-Cabrio nach Hause. Das war ein tolles Erlebnis. Auch Hammi hatte sich dann ein paar Tage später den Arm gebrochen, allerdings etwas komplizierter am Ellenbogen, und so sprangen wir die nächsten Wochen gemeinsam mit unseren Gipsarmen herum.

Mit Sigrid vor dem Hoftor

Oma und Opa

Die Eltern meines Vaters, die natürlich auch ausgesiedelt worden waren, landeten ebenfalls in Heygendorf. Das war sicher nicht zufällig so, sondern auf Bemühungen meines Vaters zurückzuführen. Seine wesentlich ältere Schwester und ihre Familie (Tochter mit Mann und Enkelin) hatten das Glück gleich in eine der westlichen Besatzungszonen, nach Kaufbeuren, zu gelangen. Dass Onkel Sepp mit seiner Familie, nicht weit weg, in die Nähe von Erfurt kam, wurde schon erwähnt. Den Vater meiner Mutter mit seiner zweiten Frau und den Kindern Emmi und Max verschlug es auf ein Dörfchen in der Nähe von Stendal, also in die Gegend von Magdeburg. Tante Emmi war zwölf Jahre jünger als meine Mutter, hatte aber auch schon einen Sohn, der sogar ein halbes Jahr älter war als ich. Ihr Mann war im Krieg gefallen. Max war noch einmal zehn Jahre jünger als seine Schwester. Oma und Opa waren für uns praktisch nur die am Ort wohnenden Großeltern. Sie fanden Unterschlupf in einem, immerhin beheizbaren, Zimmer eines kleinen Nebengebäudes eines Bauernhofs, etwa 500m entfernt von unserer Wohnung im südlichen Teil Heygendorfs. In der Zeit, ab der ich mich an sie erinnern kann, waren sie fast 80 Jahre alt. Einiges des hier Erzählten stammt also aus Überlieferungen. Es waren einfache und bescheidene Leutchen, die das Wenige, das sie

35

hatten, eher noch teilten. Während Opa, der sobald es möglich war die Zeitung las und ein Pfeifchen paffte, war Oma immer auf den Beinen. Wenn der Haushalt versorgt war ging sie mit ihrer Kiepe auf den Rücken los, stoppeln. So nannte man das Absuchen abgeernteter Felder nach einzelnen verlorenen, übersehenen oder nicht richtig ausgegrabenen Feldfrüchten (Getreideähren, Kartoffeln, Zuckerrüben). Außerdem wurde Hasenfutter an Weg- oder Feldrainen gesammelt und jede verlorene Daune oder Feder auf den Gänseweiden entlang der Helme aufgelesen. Der Federanteil wurde durch Spleißen vom Kiel getrennt und Körner wurden von Hand aus den Ähren gepult. Im Herbst stand dann ein Sack Getreide von mindestens einem halben Zentner in der Zimmerecke. Der Müller im nächsten Dörfchen flussabwärts machte daraus Mehl.

In der Mitte des Dorfes stand das Hauptgebäude eines Gutes, welches, was am Mauerwerk zu erkennen war, früher sogar einen direkten, brückenartigen Zugang zur gegenüber liegenden Kirche hatte. Damals noch der Besitzer, ein stolzer Gutsherr, unterstellte meiner Oma, die fleißig Ähren gelesen hatte, eines Tages, dass sie diese wohl auf noch nicht abgeernteten Feldern oder von nach dem Schnitt zum Trocknen aufgestellten Garben abgerupft hätte. Das erboste diese ehrliche, gottesfürchtige Frau dermaßen, dass sie ihm prophezeite, Gott werde ihn strafen. Kurze Zeit später wurden in der SBZ alle Großgrundbesitzer unter dem Motto „Junkerland in Bauernhand" enteignet. Flucht in den Westen war für diese Leute meist die einzige Alternative. Viele Jahre später, bei einem ersten Besuch der Heimat meiner Kindheit, noch vor der Wende, war das stattliche Hauptgebäude, in dem auch ein Lehrerehepaar gewohnt hatte und einer der Räume als Klassenzimmer diente, verschwunden. Man hatte es nicht instand halten können und abgerissen.

Gegenüber der Wohnung meiner Großeltern gab es auch ein Gasthaus und einen kleinen Laden für Lebensmittel, und was es in dieser Zeit sonst noch fürs tägliche Leben zu kaufen gab. Dort wunderte man sich, dass die Frau Pusch immer ganz neue Geldscheine hatte. Auch 50 Pfennige waren damals eine kleine blaue Banknote. Der Grund war ganz einfach der, dass Oma die ganz leicht angefeuchteten Scheine vor dem Ausgeben vorsichtig bügelte. Wenn ich die Großeltern besuchte, geschah das meist nur im Beisein meiner Schwester. Dort mussten wir immer erst vorsichtig die Tür zum Hof öffnen, denn manchmal, wenn sie nicht an der Helme waren, bevölkerte diesen eine Gänseschar unter Führung eines bösen Gänserichs. Der kam zischend mit ausgebreiteten Flügeln, unterstützt vom Geschrei seiner Damen, auf jeden Eindringling zu. Es ging das Gerücht um, dieser könne mit einem Flügelschlag sogar einem Menschen den Arm brechen.

Es gab damals, wie schon erwähnt, Familien, meist Kriegerwitwen mit Kindern, die ganz arm dran waren. So erinnere ich mich an eine Szene bei Oma und Opa, wo ein Mädchen (sie hatte auch noch Geschwister) sich ihr Marmeladenbrot abholte und dafür „Im Grunewald, im Grunewald ist Holzaktion" sang. Es waren Ausgebombte aus Berlin.

Gut erinnere ich mich auch noch an die Kirmes (Kirchweih) im Herbst 1949. Damals erhielt ich meine erste Uhr. Ein Metallgehäuse mit Gummiband aber immerhin mit über eine Krone von Hand verstellbaren Zeigern. Oma und Opa hatten Goldene Hochzeit. Eigentlich lag der genaue Termin am 13. November. Da die Kirmes in Heygendorf, wie ich mir habe sagen lassen, immer am ersten Sonntag im November stattfand, nehme ich an, dass man mit Rücksicht auf Jahreszeit und Witterungssituation, die Feier schon etwas vorverlegt hatte. Die Kirmes fand immer auf einem kleinen Platz, direkt vor der Wohnung der Großeltern statt. Es gab ein Kinderkarussell, eine Schiffschaukel und ein paar Buden, wo man nach kleinen Geschicklichkeitsübungen oder im Losverfahren etwas gewinnen konnte. Manchen kleinen Krimskrams konnte man wahrscheinlich auch kaufen. Jedenfalls waren Verwandte da, wer genau, weiß ich nicht mehr, aber ich nehme an, dass es vor allem Vaters Geschwister waren. Wenn man die zugesteckten Groschen verjubelt hatte, konnte man reingehen und Nachschub holen, mir schien es unbegrenzt. Vor allem meine Schwester, der es schon damals mit der Schiffschaukel nicht hoch genug gehen konnte, hatte außergewöhnlichen Spaß. Oma wurde dann krank. Ein Krebsgeschwür am Rücken, das eine Weile mit den damaligen Mitteln behandelt worden war, hatte Metastasen gestreut und eine Operation war dann zu spät. Sie starb ein Jahr nach ihrer Goldenen Hochzeit. Auch Opa war immer gebrechlicher geworden, und da Feuer machen und es am Brennen zu halten bei dem schlechten und knappen Brennmaterial eine mühsame Angelegenheit war, verkroch er sich am liebsten im Bett. Meine Mutter rannte nun, um ihn zu versorgen, zwischen den Wohnungen hin und her. Auch deshalb versuchte sie energisch eine größere Wohnung zu bekommen, denn in unseren zwei Zimmern war er ja schlecht unterzubringen. Irgendwann gelang es ihr, und wir zogen nach Schaafsdorf, den nördlichen Ortsteil, der auch damals schon eingemeindet war. Opa war schon bettlägerig und bekam das Kämmerchen neben der Wohnküche, das später Sigrids und mein Schlafzimmer wurde. Er starb Ende Juni 1952 an einem schönen, sonnigen Tag. Vater war zu Hause, wahrscheinlich weil das Ende schon abzusehen war.

Mutter und Sigrid waren gerade nicht anwesend und ich erinnere mich gut daran, wie mein Vater aus dem Zimmerchen kam und mir sagte, dass der Opa jetzt gestorben sei.

Ackerbau und Viehzucht

Etwas südwestlich vom Ortsrand des Dorfes hatten wir, als wir unten in Heygendorf wohnten, ein Stückchen Ackerland gepachtet. Ob wir es von der Gemeinde bekommen haben oder von einem Bauern, weiß ich nicht mehr. Die Erinnerungen daran sind sehr schwach. Dass man da mit einem Handwagen hinzog und wir Kinder dort ein bisschen rumtoben konnten, sind blass verbliebene Eindrücke. Das Foto von Sigrid und mir aus dieser Zeit muss dort in der Nähe entstanden sein. Ich kann mich hauptsächlich an große Tabakpflanzen erinnern, die sicher vor allem für Opa wichtig waren. Aber auch mein Vater hat ab und zu ein Pfeifchen, er nannte es Tschibuk, gepafft, während Opa eine richtige große Hängepfeife mit Porzellankopf hatte. Da meine Mutter mehr ein Büromensch war, hat sie sicher nicht viel Freude an dem Acker gehabt. Ich nehme an, dass speziell Oma und die Notwendigkeit, alles nur irgend Mögliche für die Nahrungsversorgung zu tun, der Grund für die gärtnerischen Bemühungen war. Nachdem Vater berufliche Aktivitäten außerhalb des Ortes entwickelt hatte und Mutter mit der Versorgung der Schwiegereltern voll in Anspruch genommen war, wurde der Acker nach Omas Ableben aufgegeben. Im kleinen Hof des Hauses, in dem wir wohnten, hatten wir auch ein paar Kaninchenställe. Die Kaninchen bekamen die

Kartoffelschalen und Gras sowie alle möglichen Wiesenkräuter, die wir an Wegrainen rupften. Eine Grünpflanze, genannt Bärentatze, mochten sie besonders gern. Ab und zu gab es auch mal eine Möhre. Das Hauptproblem dabei war aber das Schlachten der lieb gewonnenen Karnickel. Keiner aus der Familie konnte oder wollte es tun, obwohl Kaninchen damals beileibe kein Kinderspielzeug waren. Im Zweifelsfall musste Otto Ehrt, der Frisör und Fleischbeschauer des Ortes, ran. Wir hatten ja früher fast neben ihm gewohnt und waren auch jetzt nicht weit weg. Vater hatte dank irgendwelcher Hilfen schon mal etwas gut bei Nachbarn und anderen Dorfbewohnern. Da er im Besitz einer kleinen Schreibmaschine war, fertigte er gelegentlich für den einen oder anderen Dorfbewohner ein Schriftstück an. So wusch eine Hand die andere. Bei der Erinnerung an den Kaninchenbraten mit Kartoffelbrei guter Soße und feinen Möhren läuft mir heute noch das Wasser im Mund zusammen. Für Kaninchenfelle die „abgeliefert" wurden gab es ein paar Pfennige. Außerdem dienten sie gegerbt als Bettvorleger.

Beim Ackerland

Vaters erste berufliche Aktivitäten

Schon vor meiner Einschulung hatte mein Vater begonnen, bei einem früheren Bekannten aus Gablonz, der in Bad Frankenhausen, etwa 20 Kilometer entfernt von Heygendorf, ansässig geworden war, als Vertreter für Knöpfe und Schmuckwaren zu arbeiten. Wie das angefangen und sich allmählich entwickelt hat, habe ich natürlich kaum mitbekommen. Auch wurde darüber später eigentlich nicht gesprochen. Vater war meist die ganze Woche über unterwegs, manchmal auch zwei Wochen. Er schleppte einen großen Musterkoffer und einen solchen für die Klamotten und in der ersten Zeit auch für Esswaren mit sich. Ich erinnere mich an einen Brief aus dieser Zeit, in dem über den Text mit Bleistift ein runder Kreis gemalt worden war. Das war der Grundriss des Gummiballs, den er irgendwo erstanden hatte. Mit dieser Ankündigung im Brief hatte er uns schon eine riesige Vorfreude bereitet. Der Ball war grün und sprang wunderbar. Allerdings durften wir ihn in der Wohnung, aus Rücksicht auf Frau Meier unter uns, nicht springen lassen, sondern nur leise durch die Wohnung kullern.

Die Reisetätigkeit war mit heute kaum vorstellbaren Strapazen verbunden. Der nächste Bahnhof in Artern war Luftlinie etwa fünf Kilometer entfernt. Der Pfad durch das von Gräben durchzogene Wiesen- und Riedgelände war nur nach

längerer Trockenheit begehbar. Der Weg über den Helmedamm durchs nächste Dorf Kalbsrieth und dann über die
Straße nach Artern war ungefähr sieben Kilometer weit.
Dieser Fußmarsch mit zwei Koffern, bei jedem Wetter und
oft in der Dunkelheit, weil ja die Länge des Tages ausgenutzt wurde, stand am Anfang und am Ende jeder Reise.
Diese dauerte von Montag früh bis Samstagabend. Daneben
die unzuverlässigen Zugverbindungen und die Unterkünfte
waren damals auch keine Sternehotels. Da er ja selbständig
war, gab es natürlich keinen bezahlten Urlaub. Ein bezahlter
Urlaub war damals auch sonst nicht üblich. Die wenigen
Tage, die sich Vater frei nahm, wurden zum Holz machen
und für andere wichtige familiäre oder häusliche Verpflich-
tungen verwendet. Nicht nur die schon erwähnte Schreibmaschine, sondern auch das Kursbuch der Deutschen
Reichsbahn (so hieß sie damals noch) für die SBZ oder später die DDR waren wichtige Requisiten. Der Besitz des
Kursbuchs sprach sich auch im Dorf herum und so kamen
Leute, die irgendwohin reisen wollten, Auskunft heischend
am Sonntag zu meinem Vater. Er war also so eine Art Zug-
auskunft, um nicht zu sagen Reisebüro. Ein weiteres Beispiel
für unsere besondere Stellung im Dorf.

Die Einschulung

Die Erinnerung an den eigentlichen ersten Schultag ist verblasst. Klar hatten wir eine Schultüte und es gibt auch ein Foto davon, von mir allein und zusammen mit meinem Freund Hammi. Wir waren etwa 30 Schüler am Anfang des Schuljahres. Die Namen fast aller Mitschüler konnten wir beim ersten Klassentreffen, 40 Jahre nach unserem Schulabschluss, noch rekonstruieren, obwohl manche Flüchtlingsfamilien Heygendorf wieder verlassen hatten. Der ältere Herr neben uns Kindern ist Herr Jaritz, auch Vater Jaritz genannt, worauf er eigentlich stolz war. Er ist auch später die meiste Zeit mein Lehrer gewesen. Er war etwas älter, hatte den ersten Weltkrieg schon miterlebt, deshalb waren auch seine Erziehungsmethoden eher konservativ. Obwohl die Prügelstrafe damals schon abgeschafft worden war, konnte er kräftige Backpfeifen (Schellen, Watschen) oder Kopfnüsse austeilen oder auch mal jemanden mit dem Geigenbogen auf die Finger oder hinter die Ohren hauen. Wir Kleinen blieben weitgehend unbehelligt. Geschlagen wurden auch mehr die Schwächeren oder die, deren Elternhaus nicht intakt war.

Bis ins zweite Schuljahr hinein waren Schiefertafel und Schieferstifte unsere Schreibutensilien. Dazu gehörten natürlich Schwamm und Lappen, die, angebunden an die Schie-

46

fertafel, auf dem Schulweg seitlich aus dem Schulranzen baumelten. Viele hatten einen Schulranzen aus verstärktem Pappkarton, eher wenige einen alten, ererbten, aus schönem Leder. In Erinnerung ist mir, dass einer der eher verwahrlosten Sitzenbleiber, der unsere Klassengemeinschaft ein Jahr begleitete, eines Tages das rätselhafte Verschwinden seines Schulranzens beklagte. Später wurden Schnallen in einer Futtertraufe von Kühen, dort hatte er den Schulranzen wohl abgelegt, aufgefunden. Die Kühe hatten den Ranzen wie Stroh, mitsamt dem Inhalt (wir hatten da schon Hefte aus Papier und Bücher), aufgefressen.

Wir malten erst Kringel und dann nach und nach alle Großbuchstaben auf die Schiefertafel, um sie dann bei Platzbedarf wieder abzuwischen und durch neue zu ersetzen. In Anbetracht der überlieferten Kritzeleien von mir als knapp Vierjährigen, nehme ich an, dass mir die neuen Aufgaben keine allzu großen Schwierigkeiten bereitet haben. Erinnern kann ich mich noch, dass ich mein Tagwerk, die vollgemalte Schiefertafel, auch immer dem Opa, der damals schon bettlägerig bei uns wohnte, gezeigt habe. An die helfende oder kritische Begleitung meiner Bemühungen durch meine Schwester kann ich mich merkwürdigerweise gar nicht erinnern. Beeindruckt hat mich damals die Entstehung der Kleinbuchstaben. Vater Jaritz ließ an der Tafel ein Strichmännchen, genannt Onkel Fritz, mit einem Hammer die Großbuchstaben in kleine verwandeln, das war spaßig. Am E ließ sich das am eindrucksvollsten verfolgen. Mit ein paar Hammerschlägen wurden die Ecken des „E" rund und das Ganze kleiner, so entstand ein „e".

Einschulung

Umzug nach Schaafsdorf

Den genauen Zeitpunkt des Umzugs kann ich nicht rekonstruieren. Eine Zeit lang musste ich durch den ganzen Ort nach Schaafsdorf zur Schule gehen. Dann gibt es aber schon die Erinnerung daran, dass ich mit der Schiefertafel zum Opa in das Kämmerchen neben der Wohnküche marschiert bin, um meine kunstvoll bekritzelte Tafel vorzuzeigen und mir ein anerkennendes Kopfnicken oder gar ein ausgesprochenes Lob abzuholen. Es muss also irgendwann 1951 gewesen sein. Auch der eigentliche Umzug ist mir nicht in Erinnerung geblieben, nicht einmal die Jahreszeit.

Hinter der Wohnküche, die auf der Südseite zum Hof hin lag, gab es ein für damalige Verhältnisse großes Wohnzimmer mit den Abmessungen von etwa 4 mal 5,5 Meter. Daneben ein etwa ebenso großes Schlafzimmer, das durch eine kleine Diele von diesem getrennt war. Diese Diele, auf der Nordseite des Hauses, nutzten wir als Garderobe und Vorratsraum für Nahrungsmittel, die nicht zum Kühlen in den Keller geschafft werden mussten, aber trotzdem kühler lagern sollten. Außerdem war das Schlafzimmer nicht beheizbar, es hatte keinen Kaminanschluss. Die Diele hatte eigentlich auch einen Zugang von der Straßenseite, über eine fast herrschaftliche Treppe. Benutzt wurde aber nur der Hauseingang auf der anderen Seite über den Hof. Dort hatte die

Diele eine Tür mit bunten Glasfüllungen und sogar einer Klingel mit Drehgriff. Das war aber nur ein Eingang für Fremde. Benützt wurde als Wohnungseingang immer nur die Küchentür gleich links am Eingang zum Treppenhaus. Die Tür zur Steintreppe nach draußen wurde nur in der kälteren Jahreszeit geschlossen. Der Zugang über den Hof wurde schon deshalb immer benützt, weil da ja Wasser geholt (die Pumpe befand sich dort vor dem Haus) und Abwasser entsorgt wurde. Auch der Zugang zur Waschküche und zum Keller erfolgte von dort, obwohl auch die Treppe im Treppenhaus bis in den Keller führte. Komischerweise wurde die nie benützt und war mit irgendwelchem Gerümpel verstellt. Gleich neben dem Haus, in den Scheunenanbauten, die den ganzen Hof umschlossen, besaßen wir einen großen Schuppen. Dort gab es Platz für Brennmaterial, die Handwagen, die Fahrräder, für Werkzeuge, eine Art Werkbank aus ein paar Brettern und für sonstige Utensilien. Später wurde dort sogar ein großes Tor eingebaut und er diente zum Teil als Garage. Aber das ist eine eigene Geschichte.

Das Erdgeschoss befand sich eigentlich im Hochparterre, ca. 1,5 Meter über Straßen- bzw. Hofniveau. Der Keller war nur ca. einen Meter tief, was sicher durch die Grundwassersituation bedingt war. Unten im Keller gab es kein elektrisches Licht, deshalb war der Weg dorthin bei Dunkelheit unheimlich. Ein Luftzug konnte die Kerze löschen und dann war man allein auf den Tastsinn angewiesen. Das Unbehagen, um nicht zu sagen die Angst, unterdrückt man in solchen Situationen bekanntlich durch lautes Singen.

Das Wasser wurde eimerweise an der Pumpe geholt und ins Haus getragen. Eigentlich wurde von unseren Eltern nicht erlaubt, das Wasser unabgekocht aus der Pumpe zu trinken. Aber wenn im Sommer der Durst groß war, hielt man schon mal die linke Hand unter den Pumpenauslauf, pumpte mit der rechten Hand und ließ das Wasser kunstvoll zwischen Daumen und Zeigefinger aus der Handfläche in den Mund laufen. Glücklicherweise hat es trotz der zweifelhaften hygienischen Verhältnisse eigentlich keine Darmerkrankungen gegeben. Wir waren wohl abgehärtet. Das Abwasser wurde wieder eimerweise nach draußen befördert und einfach in so eine Art gepflasterter Rinne in Richtung östlicher Scheune geschüttet, wo es versickerte. Auch der Misthaufen war nicht weit davon entfernt und befand sich an der Mauer zum Nachbarn gegenüber der westlichen Giebelseite. An ihm vorbei führte der Eingang durch den Hof. Der Zugang zum Hof war, wie in der Gegend so üblich, durch ein Tor und eine Tür verschlossen. Das Tor wurde durch eine Stange, die diagonal zur Mauer führte, stabil gehalten. Diese Stange diente als Turngelegenheit und auch zum Teppichklopfen. So etwas wie einen Staubsauger gab es damals natürlich nicht.

Auf dem Misthaufen, neben dem sich das Plumpsklo befand, wurde außer dem Stallmist aus Gröschls Ziegenstall und was so von den Hinterlassenschaften der Schafe zusammengekehrt wurde, jeglicher organischer Abfall entsorgt. Alle männlichen Bewohner pinkelten direkt auf ihn, was bei uns Jungen mit allerlei Kunststücken verbunden war – wer am weitesten und am höchsten kann usw. Der Zugang durch den Hof war mit Natursteinen gepflastert, ein holpriger Gehweg. In der Mitte des Hofes war ein großer sandiger Platz. Die erste Zeit nach unserem Einzug lag dort eine Menge Gerümpel, später war er weitgehend leer und bot Gelegenheit für alle möglichen Spiele. Zur Überraschung aller Anwohner, auch des Lehrerehepaars von nebenan, legte Vater auf der Nordseite des Hauses vom Hoftor bis zur Kastanie vor dem Schulhaus, einen aus großen Natursteinplatten bestehenden Gehweg frei. Die Steinplatten waren unter einer mehrere Zentimeter dicken Dreckschicht versteckt gewesen, welche die Natur und Ackerwägen über Jahrzehnte abgelagert hatten. Der Weg und die Pflasterungen ums Haus blieben später sauber. Vor allem in den letzten Jahren, als in der Scheune hinten an der Südseite des Hofes, ca. 300 Schafe untergebracht waren, die täglich auf die Weide geführt wurden, war das eine echte Aufgabe. Abends kamen sie ja relativ sauber nach Hause, aber morgens entleerten sie erst einmal mit viel Geblöke ihre Därme. Der Schäfer kehrte die Hinterlassenschaft natürlich nicht auf, das überließ er den Anwohnern.

Die Miete, sie war irgendwie staatlich festgelegt, betrug 42 Mark. Sie wurde beim Eigentümer, dem Großbauern Kieme bzw. seiner Tochter, monatlich in bar entrichtet, was in einem Büchlein quittiert wurde. Ab und zu durfte oder musste später auch ich dieses Geschäft erledigen. Wenn man das mit dem Preis für ein Stück Butter, der damals im HO fünf Mark betrug, vergleicht, ist das nicht viel. Von einem Stundenlohn von zwei Mark ausgehend, ist das in Anbetracht der Qualität der Behausung schon eine ganze Menge. Aber da hinken wohl alle Vergleiche zu der heutigen Zeit.

Ohne auf genaue Maße zurückgreifen zu können, habe ich versucht, den Grundriss unserer Wohnung, in der ich den größten Teil meiner Kindheit verbracht habe, zu skizzieren.

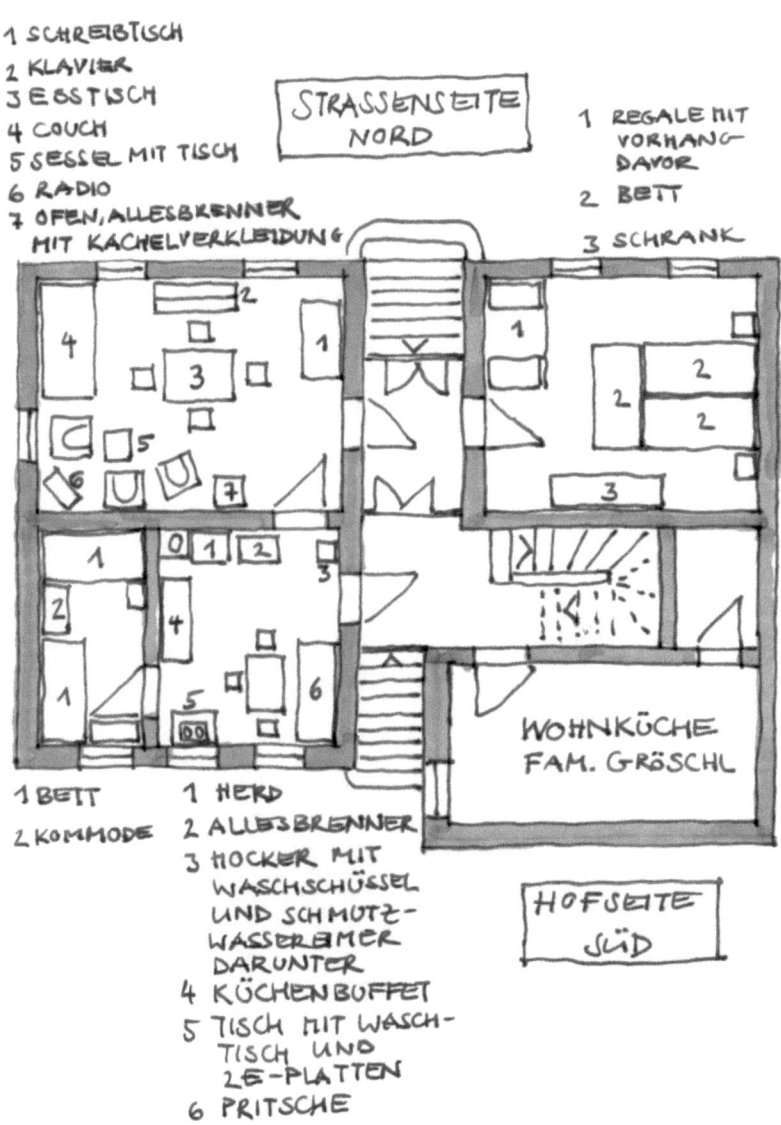

1 SCHREIBTISCH
2 KLAVIER
3 EßTISCH
4 COUCH
5 SESSEL MIT TISCH
6 RADIO
7 OFEN, ALLESBRENNER
   MIT KACHELVERKLEIDUNG

STRASSENSEITE
NORD

1 REGALE MIT
   VORHANG
   DAVOR
2 BETT
3 SCHRANK

1 BETT
2 KOMMODE

1 HERD
2 ALLESBRENNER
3 HOCKER MIT
   WASCHSCHÜSSEL
   UND SCHMUTZ-
   WASSEREIMER
   DARUNTER
4 KÜCHENBUFFET
5 TISCH MIT WASCH-
   TISCH UND
   2 E-PLATTEN
6 PRITSCHE

WOHNKÜCHE
FAM. GRÖSCHL

HOFSEITE
SÜD

55

Wohnhaus Straßenseite

und Hofseite

56

Die Mitbewohner

Das gesamte Erdgeschoss bis auf das Zimmer rechts von der Eingangstreppe, die aus massiven Sandsteinstufen bestand, wurde von uns bewohnt. In dem von der Diele des Treppenhauses zugänglichen Zimmer wohnte ein freundliches älteres Mütterchen, Frau Muschik. Sie war gewissermaßen die Ersatzoma für Franz, dem jüngsten Sprössling der Familie Gröschl. Diese, eine vertriebene Bauernfamilie aus dem Böhmerwald, bewohnte den Südteil des Obergeschosses, also die Stube über der von Frau Muschik und zwei kleine Zimmer, die unserer Wohnküche und der Kammer von Opa entsprachen. Auch nutzten sie noch eine Kammer auf dem Dachboden als Schlafkammer.

Als Frau Muschik zu ihrem Sohn oder in dessen Nähe gezogen war, übernahmen Gröschls ihr Zimmer. Es wurde zu deren Wohnküche. Das hatte den Vorteil, dass Frisch- und Schmutzwasser nicht bis ins Obergeschoss und wieder hinunter geschleppt werden musste. Später installierte Herr Gröschl ein Becken mit Abfluss nach draußen, so dass wenigstens ein Teil der mühseligen Arbeit entfiel. Uns war ein solcher Luxus bis zu unserem Weggang nicht vergönnt.

Die drei älteren der insgesamt sieben Kinder der Gröschls lebten bereits nicht mehr bei den Eltern und bald zog auch der zweitälteste Sohn aus, bzw. entschwand in den Westen.

Als die jüngste Tochter ihre Banklehre beendet hatte, zog auch sie aus. Sie heiratete einen Junglehrer, so nannte man die mit DDR-Schnellstudium, Sohn eines Kleinbauern aus der Nachbarschaft. Dessen Abschlussarbeit hatte mein Vater im Zweifingersystem auf seiner kleinen Reiseschreibmaschine getippt. Das Honorar dafür wird wohl aus Eiern oder Ackerfrüchten bestanden haben.

Es blieben neben dem Ehepaar Gröschl also nur noch Ernst (ein Jahr jünger als ich) und Franz (zwei Jahre jünger als ich), der wie ein kleiner anhänglicher Bruder war und wohlgelittener Spielkamerad, wenn ich nicht mit Hammi oder den anderen Schulkameraden unterwegs war. Ernst hatte immer schon eine praktische Ader und half oft bei einem anderen Kleinbauern in der Nachbarschaft aus, dessen einziger Sohn ein Schulkamerad von Sigrid war. Er brachte dann schon mal einen halben Sack Getreide dafür nach Hause und einmal auch ein zerrupftes Huhn, das aber jeden Tag ein Ei legte. Es hatte hinten bei den Scheunen ein Plätzchen in einem Stall und natürlich genug zu scharren in dem großen Hof. Später kamen noch mehrere Hühner dazu. Herr Gröschl war, wie viele Bauern, auch ein geschickter Handwerker, allerdings schwer herzkrank und invalide. Er werkelte aber trotzdem den ganzen Tag zu Hause oder in der Nachbarschaft herum. Er war sehr streng zu seinen beiden kleinen Söhnen und versohlte ihnen gelegentlich mit einem Strick den Hintern, oder ließ sie auf einem Holzscheit knien, um sie für ihre Missetaten zu bestrafen. Gröschls hatten schon bei unserem Einzug zwei Ziegen und ein paar Gänse. Frau Gröschl hatte zwar eine steife Hand, war aber als ehemalige Bauersfrau das Arbeiten von früh bis spät gewohnt. Sie war auch eine gute Köchin und wenn in der Herbst- oder Winterzeit mal eine Gans geschlachtet wurde, bekam auch ich einen Teller mit einem Stück Brustfleisch, einem rohen Kloß aus handgeriebenen Kartoffeln, herrlicher Soße und Rotkraut. Die Erinnerung daran lässt mir das Wasser im Mund zusammen laufen. Das Gericht ist auch heute noch eine Herausforderung für meine Bemühungen in der Küche. Die Wohnung über unserem Wohnzimmer, dem Vordereingang und dem Schlafzimmer wurde bei unserem Einzug erst von einer Familie mit etwa 15-jährigem Sohn, später vom katholischen Pfarrer mit seiner jungen, drallen Haushälterin bewohnt. Von dem für mich großen Jungen, er hieß auch Eberhard, sind mir nur zwei Missetaten in Erinnerung. Er drosch meinen großen Plastikball in ein herumstehendes Ackergerät. Eine der Eisenspitzen der alten Egge hatte ihn durchbohrt und zu einer schlaffen Kugel schrumpfen lassen. Außerdem hatte er unser erstes Kätzchen auf dem Gewissen, was mir lange verheimlicht wurde. Die Mitglieder der

Familie Gröschl und der Pfarrer tauchen später in anderen Kapiteln meiner Erinnerungen noch gelegentlich auf.

Eine Zeit lang lebte in einem Raum der westlichen Stallgebäude, später Schreinerwerkstatt und Ziegenstall der Familie Gröschl, Paul Stenzel. Auch ein Flüchtling, vielleicht zehn Jahre älter als meine Eltern. Eines Tages zog eine wesentlich jüngere, etwas wunderliche Frau zu ihm. Wenn sie stritten war der Lärm aus der Behausung im Hof zu hören und die beiden waren natürlich Opfer von Hänseleien durch uns Kinder, wobei meine Schwester besonders aktiv war. Wir Kinder wurden dafür als „verfluchte Lergen", wohl ein ostpreußischer Ausdruck für Lausbuben oder Gesindel, beschimpft. Ihre wenigen Habseligkeiten, vor allem die Lebensmittel, mussten sie wegen der Mäuse und Ratten an der Decke aufhängen. Das verrieten heimliche Blicke durch die Stallfenster. Die beiden verschwanden aber bald, und der Raum diente dann dem bereits erwähnten Zweck. Einige Jahre später kam es noch einmal zu einer Begegnung mit Stenzel Paul.

Das Plumpsklo

Wie schon beschrieben, lag es neben dem Misthaufen am Ende der niedrigeren Stall- und Scheunengebäude an der Westseite des Hofes. Es hatte eine tiefe Grube, deren notdürftige Abdeckung zwischen Klo und Misthaufen lag. Von dort wurde so etwa alle zwei Jahre bei entsprechender Größe und Vorbereitung des Misthaufens mittels eines Odelschöpfers eine Entleerung in diesen vorgenommen. Einmal, soweit ich mich erinnern kann, hat das sogar mein Vater gemacht. Das Hüttchen selbst war mit einem inzwischen halbverrosteten Blechdach einigermaßen dicht eingedeckt. Nur bei längerem Regen wurde der Holzsitz mit dem entsprechenden Loch nass. Aber natürlich huschten des Nachts schon mal Mäuse oder Ratten vorbei und vor allem im Winter bei einer Temperatur von vielleicht minus 10 Grad C war es da nicht so wahnsinnig gemütlich. So etwas wie Klopapier gab es damals nicht. Als Abonnent der Tageszeitung „Freiheit" stand uns diese dafür zur Verfügung und auch bezüglich des Inhalts und des Wertes der Texte war das ein sehr geeigneter Verwendungszweck. Daneben gab es allerdings zeitweise auch hochwertigere Papiere. Das schon erwähnte Kursbuch, gedruckt auf seidenartigem Dünndruckpapier, kam ja für jedes Halbjahr neu heraus und das alte leistete dann noch einmal für einige Wochen gute Dienste.

Auch die Vertreterkopien aus den alten Auftragsblöcken meines Vaters, aus rosafarbenem, dünnem Papier, hatten eine geeignete Qualität. Schon damals lebten wir also in mancher Beziehung in einem gewissen Luxus.

Gröschls hatten ein eigenes Plumpsklo in den Scheunengebäuden an der Südwestecke des Hofes, allerdings ohne tiefe Grube. So wuchsen dort im Winter „Stalagmiten" in unangenehme Höhe.

Das kleine Geschäft durfte man ausnahmsweise, nach Rückfrage, bei entsprechenden Witterungsverhältnissen auch auf dem Schmutzwassereimer, der sich unter dem Hocker mit der Waschschüssel in der Wohnküche befand, verrichten. Und dann gab es natürlich auch noch den Nachttopf unter dem Bett. Aber damals war ja die Blase noch in Ordnung.

Kinderspiele

In der frühen Kindheit waren die Spiele wohl stark von der dreieinhalb Jahre älteren Schwester bestimmt. Das Foto auf Seite 34, aufgenommen von einem Wanderfotografen, zeigt uns bei der Rückkehr von einem Spielnachmittag. In der Pappschachtel sind wohl ein paar Spielutensilien. Düster kann ich mich an irgendwelche Püppchen erinnern oder an Kränze, die aus Gänseblümchen und anderen Blumen geflochten wurden. Da aber die Schwester sicher lieber mit ihren Freundinnen unterwegs war und ich auch einen guten Freund und Schulkameraden hatte, gingen wir immer häufiger getrennte Wege.

Was, wie auf dem Foto zu sehen ist, typisch für meine frühe Kindheit war, ist barfuß laufen. Sobald es die Witterung zuließ, ging man barfuß. Am Anfang des Sommers war man noch etwas empfindlich, aber das gab sich bald. Schwieriger wurde es erst wieder im Spätsommer, wenn man über abgeerntete Getreidefelder ging. An den abgeschnittenen, trocken und hart gewordenen Strohhalmen, also den Stoppeln, konnte man sich richtig verletzen. Über Stoppelfelder musste man gewissermaßen schlurfend gehen, keinesfalls rennen und von oben in die Stoppeln treten.

Eine der beliebtesten Beschäftigungen für kleine Jungs war es, eine alte, verrostete Fahrradfelge mit Hilfe eines Stöckchens vor oder neben sich her zu treiben. Auf unebenem und holprigem Untergrund bedurfte es schon einer gewissen Geschicklichkeit und Übung, den Reifen am Rollen zu halten. Je schneller man läuft, desto geringer ist die Gefahr, dass er umfällt und man neu starten muss. So konnte man endlos lang durchs Dorf oder über Feldwege rennen.

Von beiden Geschlechtern wurde das Kreiseln betrieben, was vor allem im Frühling beliebt war. Kleinere und größere, schlankere und dickere kegelförmige Holzkreisel mit Rillen versehen und verschiedenartig bemalt, wurden mit einer Peitsche in Drehung gehalten. Gestartet wurde der Kreisel durch das schnelle Abziehen der auf ihn aufgewickelten Peitschenschnur. Auch die Art der Schnur war natürlich eine Wissenschaft für sich. Vor allem das Problem, Nachschub zu beschaffen von der Art, die sich als optimal erwiesen hatte. Da die Spitze der Schnur mit der Zeit ausfranste, wurde deren Haltbarkeit durch einen Knoten vergrößert. Der musste aber wiederum auch schon etwas weich und ausgefranst sein, um die richtige Griffigkeit am Kreisel zu gewährleisten. Wir waren also schon früh damit beschäftigt, mechanische Vorgänge durch die handwerkliche Gestaltung von Hilfsmitteln zu optimieren. Kunstvoller konnte der Kreisel gestartet werden durch eine schnelle Drehbewegung zwischen den Fingerspitzen der beiden Hände unmittelbar über dem

Boden, oder gar von oben geschnipst zwischen Mittelfinger und Daumen. Voraussetzung für das Kreiseln war allerdings eine einigermaßen große, ebene Fläche. Solche Flächen waren Mangelware. Auch die östlich am Dorf vorbeiführende Straße, „Chaussee" genannt, bestand hauptsächlich aus Schlaglöchern. Es ging darum, den Kreisel möglichst lange in Drehung zu halten oder, wenn man ihn durch entsprechende Schläge vor sich her trieb, wer am weitesten kam, bis er seine Drehung verlor und umfiel oder irgendwo in einer Pfütze, Furche oder im Straßengraben zu liegen kam. An ein Jahr kann ich mich erinnern, als es im Ried lange Eis gab (das Eis im Ried ist eine eigene längere Geschichte) und die Kinder schon in Frühlings- und Kreiselstimmung waren, hatten wir den idealen Untergrund. Später, als wir größere Jungen waren, war das Kreiseln natürlich keine angemessene Beschäftigung mehr für uns.

Das Spielen mit Murmeln war ebenfalls auch für Jungen bis zu einem bestimmten Alter eine interessante und abwechslungsreiche Beschäftigung. Mit Geschick konnte man im Wettbewerb seinen Bestand an Murmeln vermehren. An jeder einigermaßen ebenen Fläche war schnell mit dem Absatz ein Loch in den Boden gedreht und eine Abwurflinie gezogen. Gespielt wurde mit bunten Tonkugeln, die es zu kaufen gab. Rar und entsprechend wertvoll waren Glaskugeln, die auch gelegentlich auftauchten. Solche waren ein Vielfaches einer Tonkugel wert und wurden entsprechend gehütet und nur in besonderen Situationen im Wettkampf eingesetzt.

Hüpfspiele, die man Himmel und Hölle oder ähnlich nannte, waren eine weitere beliebte Beschäftigung für Kinder. Verschiedene Felder, die leiterartig angeordnet waren und oben mit einem halbkreisförmigen Feld, dem Himmel endeten, wurden mit Kreide aufgemalt oder in einen sandigen Boden gekratzt. Die Felder, in die man seinen Ziegelscherben werfen und natürlich erst einmal treffen musste, waren fehlerfrei in verschiedener Weise unter Aufnahme des Scherbens zu durchhüpfen. Auf einem Bein stehend, besonders auf dem linken, erforderte das schon größeres Geschick. Wenn man dann, nach erfolgreichem Absolvieren des Programms ein Feld als sein eigenes kennzeichnen durfte, konnte man den Mitspielern dessen Betreten verbieten. Sie mussten also drüber hüpfen, was die ganze Sache immer schwieriger machte. Als kleiner Junge war man der größeren Schwester natürlich hoffnungslos unterlegen, weshalb solche Spiele weniger beliebt waren. Ebenso Ballspiele an eine Wand mit einem Ball oder gar zweien. Auf allen möglichen Wegen musste der Ball an die Wand geworfen und wieder aufgefangen werden. Hinten rum um den Körper, durch ein

Bein mit Händeklatschen vor dem wieder Auffangen oder sonstigen Verrenkungen. Das waren eher Spiele für Mädchen.

Fast jeder Haushalt hatte einen so genannten Hand- oder Leiterwagen (wegen der leiterartigen seitlichen Begrenzungen), der zur Beförderung aller möglichen Gegenstände auf dem Land erforderlich war. Wir hatten auch einen zweiten relativ großen, ohne Bodenbrett und seitliche Wände. Er war von einem Stellmacher (Wagner) speziell zum Holz holen im Wald kunstvoll aus Eschenholz gefertigt worden. Als Rennfahrzeug wurde ein Handwagen ohne seitliche Bretter oder Leiterwände nur mit dem Bodenbrett verwendet. Die bewegliche Deichsel wurde zurückgeklappt. So konnte man hinten sitzend, die Deichsel auf der Schulter, mit den Füßen auf der Erde den Wagen antreibend, über die Schulter zurück in die Fahrtrichtung blickend, den Wagen lenken. Mit einiger Übung und bei einigermaßen bekanntem Gelände, konnte man das Gefährt auch ohne über die Schulter in die Fahrtrichtung zu schauen, führen, und so durch den Hof oder die Gassen fahren. Wenn man es bis zur Helme geschafft hatte, wo es ein kleines Gefälle von der Helmebrücke zum Dorf hin gab, konnte man dieses nutzen. Rückwärts, quasi blind, mit etwas mehr Schwung runter zu fahren hinterließ schon einen gewissen Kitzel. Die Gefahr eines Zusammenstoßes mit anderen Verkehrsteilnehmern war auf dem Dorf gering. Die generelle Situation der freien Bahn hatte man schon so ungefähr vorher geprüft. Hühner, Gänse und andere Viecher flüchteten ohnehin vor dem ratternden Gefährt.

Heygendorf in der Goldenen Aue

Mit zunehmendem Alter wurde natürlich der Aktionsradius von uns Jungen größer und daher erscheint es mir wichtig, die geographische Lage von Heygendorf etwas genauer zu erläutern. In der Schule, hauptsächlich bei unserem Lehrer Jaritz, spielte der Begriff „Goldene Aue" eine wichtige Rolle. Später, wenn ich jemanden erzählt habe, wo ich aufgewachsen bin, wo ich meine Kindheit verbracht habe, hat kaum jemand diesen geographischen Begriff gekannt. Den Kyffhäuser, das kleinste Mittelgebirge Europas, zwischen dem Harz im Norden und dem Thüringer Wald im Süden gelegen, kannte man dagegen schon gelegentlich. Die Helme, ein kleines Flüsschen, das am Südrand des Harzes entspringt, fließt durch eine fruchtbare Talebene erst nach Osten, dann nach Süden, gewissermaßen in einem Viertelkreis um den Kyffhäuser herum, um zwei Kilometer südwestlich von Heygendorf, bei Kalbsrieth, in die Unstrut zu münden. Erst bei Recherchen zu diesen Erinnerungen bin ich darauf gestoßen, dass auch die Meinung vertreten wird, der Unterlauf der Helme gehöre gar nicht mehr zur Goldenen Aue. Andererseits habe ich aber auch erfahren, dass im 12. Jahrhundert Zisterziensermönche, die ursprünglich vom Niederrhein gekommen waren, und flämische Bauernfamilien das sumpfige Helmetal entwässert und für die Landwirtschaft nutzbar gemacht haben. Die Ortsnamen von Allstedt, Katharinen- und Nikolausrieth, also Nachbargemeinden von Heygendorf werden in diesem Zusammenhang genannt. Für uns in der Schule, also für unseren Lehrer Jaritz, war das gar keine Frage, Heygendorf liegt in der Goldenen Aue. Wenn man im Sommer vom Kyffhäuserdenkmal auf das Helmetal schaut, auf die goldgelben Getreidefelder, wird anschaulich, woher der Name kommt.

Die Unstrut ist schon durch eine Schlacht gegen die Ungarn im Jahre 933 bekannt. Der nächste Fluss, in den die Unstrut mündet, die Saale, ist als Nebenfluss der Elbe schon bekannter. Eingeweihte kennen die Saale-Unstrut-Region auch als Weinanbaugebiet. In Freiburg kelterte man den bekannten Rotkäppchen-Sekt, und tut es noch, sowie manch andere leckere Tropfen. Der Dom von Naumburg, mit seinen Stifterfiguren, ist ein Höhepunkt an der Straße der Romanik. Obwohl das Gebiet eines der niederschlagsärmsten Deutschlands ist, gilt es als eines der fruchtbarsten. Der Lehmboden unter dem Humus und die vielen Bäche und Nebenflüsschen der Helme, die das Schmelzwasser vom Harz in die Talregion tragen, sorgen für ausreichend Feuchtigkeit. Wegen der niedrigen Fließgeschwindigkeit gilt die Helme auch als fischreich. Während Heygendorf etwa 120 Meter über NN liegt, steigen die bewaldeten Hügel östlich davon bis knapp 300 Meter an. Das Kyffhäusergebirge im Westen, das schon fast 20 Kilometer Luftlinie entfernt liegt, bis über 470 Meter. In ähnlicher Entfernung im Süden, hinter der Unstrut-Niederung, liegen ebenfalls teilweise bewaldete Hügelgebiete: Die Schmücke, die Hohe Schrecke und die Finne, sie reichen in Höhen bis 350 Meter. Durch die Schmelzwasser des Harzes wurde das Flussgebiet der Helme jedes Jahr stark überschwemmt. Heygendorf wurde durch Dämme aus dem örtlichen Lehmboden, die im Abstand von 5 bis 50 Meter die Helme auf beiden Seiten begleiteten, vor Überschwemmungen geschützt. Der östliche Damm wurde als Fuß- und Radweg ins nächste flussabwärts liegende Dorf, Kalbsrieth, genutzt. Der schmale Pfad auf der Dammkrone konnte nach Regenwetter ganz schön rutschig sein und man musste aufpassen, dass man da, wo er nahe am Fluss verlief, nicht mit dem Rad ins Schleudern kam. Die westliche, tiefer liegende Seite bis hin zur Kreisstadt Artern, war ein riesiges von Gräben und Entwässerungskanälen durchzogenes Wiesengebiet, genannt das Ried. Fast jedes Jahr war es schon im Winter durch hoch drückendes Grundwasser völlig überschwemmt. Entlang der Helmedämme und im Hochwasserbett selbst, wuchsen Zwetschgen- und Apfelbäume, direkt am Fluss an manchen Stellen Sträucher und Eschen. Im nördlichen Teil von Heygendorf, in Schaafsdorf, führte eine eiserne Brücke über die Helme und bei längerer Trockenheit konnte man von dort auf Pfaden durch das Ried bis in die Kreisstadt Artern gelangen. In Artern lag der Bahnhof, zu dem mein Vater mit seinen Muster- und Reisekoffern gelangen musste und der auch Ausgangspunkt jeder Reise und jedes etwas weiter gehenden Ausflugs war.

In Artern gab es eine Maschinenfabrik, die Kyffhäuserhütte, eine Zuckerfabrik und bis 1964 wurde aus der dortigen Solequelle auch Salz gewonnen. In Artern saß auch die Kreisverwaltung und es gab ein paar kleine Geschäfte. Vor allem das für Angelzubehör und Luftgewehrmunition war für uns Jungen von Bedeutung. Hammis Großvater hatte sich ein Luftgewehr angeschafft, das wir Jungen später, als wir größer waren, gelegentlich unter Auflagen auch allein benutzen durften.

Erst viele Jahre nach meiner Kindheit, so um 1966, wurden hinter dem Kyffhäuser bei Kelbra eine Talsperre und ein Hochwasserrückhaltebecken errichtet. Damit war Schutz vor Hochwasser für den Unterlauf der Helme und das Mündungsgebiet in die Unstrut gewährleistet. Für uns Kinder war es wahnsinnig spannend, wenn die Feuerwehren aus Halle und Leipzig kamen, um die Dämme mit Sandsäcken zu verstärken. Leider war ich zum Höhepunkt der größten Aktion, es muss 1954 oder 1955 gewesen sein, wegen eines Furunkels über der Oberlippe im Krankenhaus in Allstedt. Nach Abklingen des Hochwassers wurden diese Sandsäcke von uns aufgeschlitzt und entleert. Sie dienten zur Aufbewahrung verschiedener Sachen. Vor allem bei Jungen die Tauben züchteten, waren sie begehrt für Futtermittel. Deshalb bekamen sie die Geheimbezeichnung Tauben. Tauben holen hieß dann also Sandsäcke klauen. Das Ried war auch ein großes Vogelüberwinterungsgebiet. Während der größte Teil fast jedes Jahr zu einer riesigen Eisfläche wurde, blieb im Südteil die Wasserfläche wegen der vielen Wasservögel offen. Im Frühjahr sammelten dort manche Einheimische Vogel- und Enteneier für den Verzehr.

Westlich der Helme, bis hoch zum Waldrand, und südlich bis zur Unstrut, wurde Ackerbau betrieben. Feldwege, so genannte Driften (Heygendorfer-, Schaafsdorfer- und Mitteldrift) führten Richtung Wald. Diese Wege waren teilweise auch von Obstbäumen, vor allem Zwetschgen- und Kirschbäumen gesäumt. Angebaut wurden vor allem Weizen und Roggen, aber auch Kartoffeln sowie Futter- und Zuckerrüben. Vereinzelt wurden auch mal Gurken, Radieschen oder andere Gemüse angebaut. Jedenfalls wussten wir genau darüber Bescheid, wo und wann etwas Essbares gedieh, von den ersten Kirschen bis zu den letzten Äpfeln.

Dass die ganze Gegend uraltes Kulturland ist, beweist der spätere archäologische Sensationsfund der Himmelsscheibe von Nebra, in kaum zehn Kilometer Entfernung von unseren Spielplätzen in den Wäldern.

Nach Norden hin wurde unser Heimatgebiet durch das Städtchen Allstedt und weiter westlich durch die Kreisstadt Sangerhausen begrenzt. Allstedt wurde schon im 8. Jahrhundert als fränkische Reichsburg gegründet und war in ottonischer Zeit eine der meistbesuchten Pfalzen. In Allstedt gab es ein Krankenhaus, einen Arzt, einen Zahnarzt, eine Apotheke, und diverse kleine Geschäfte. Sogar einen Uhrmacher, bei dem ich, wenn das mit der Zulassung zur Oberschule nicht geklappt hätte, zur Lehre hätte gehen können. Burg und Schloss waren damals unrestauriert und von Flüchtlingen bewohnt. Für uns war sonst allenfalls das Schwimmbad von Interesse. Es wurde immer am 1. Mai eröffnet und nur in den ersten Wochen, solange das Wasser noch frisch und die Helme zu kalt war, benutzt.

Weiter nordwestlich lag Sangerhausen, eine Kreisstadt zu der Heygendorf bis zu einer Gebietsreform 1952 gehörte. Dort steht eine der bedeutendsten Sakralbauten der Harz-Kyffhäuserregion. Es ist die im 12. Jahrhundert erbaute St. Ulrichskirche, ein Kleinod an der Straße der Romanik. In Sangerhausen gab es auch ein Schwimmbad mit 3- und 5-

74

Meter Sprungturm, ein Rosarium, das auch heute noch als das größte der Welt gilt, und eine Maschinenfabrik, in der auch Fahrräder vom Typ Mifa hergestellt wurden. Außerdem gab es Bergbau, denn dort ist der Südrand des Mansfelder Landes, des zeitweise größten Kupferbergbaugebietes Europas. Seit dem Jahr 2000 wird auf Antrag der Naturfreunde Deutschlands und des Deutschen Anglerverbandes zusammen mit dem Bundesumweltministerium eine Flusslandschaft des Jahres gekürt. Die Ernennung erfolgt traditionsgemäß am 22. März, dem Weltwassertag. Für 2012/2013 war das die Region der 65 Kilometer langen Helme.

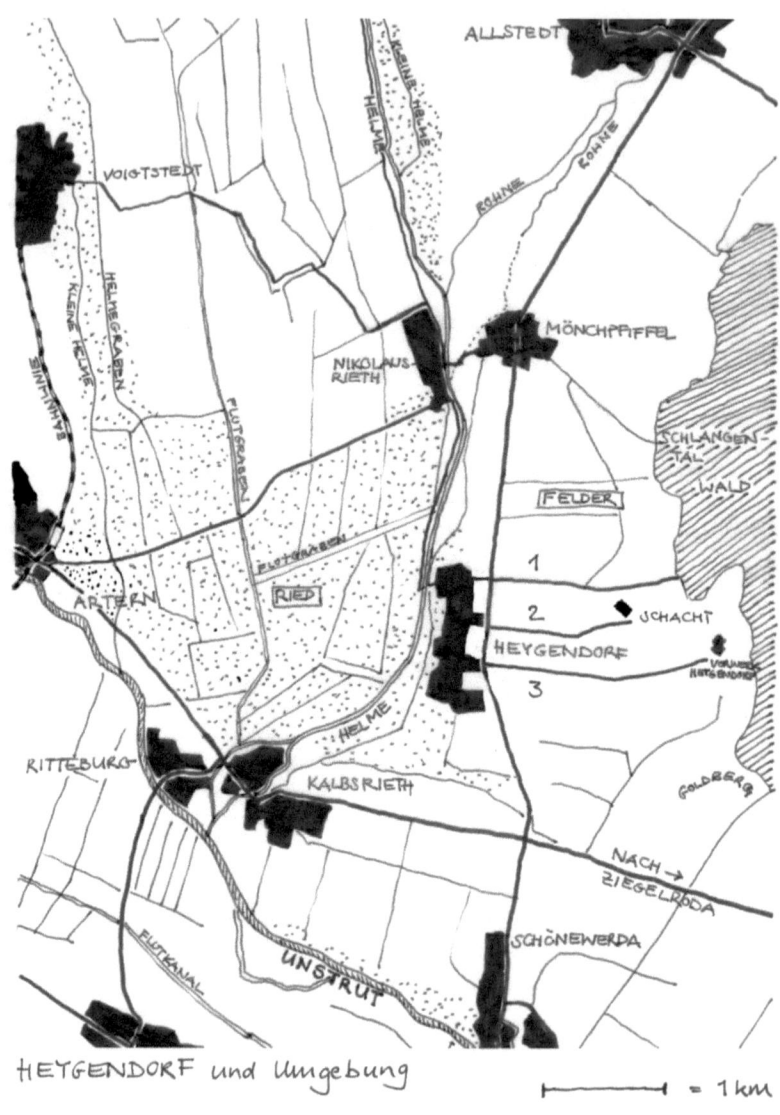

HEYGENDORF und Umgebung

├────────┤ = 1 km

1 SCHAAFSDORFER DRIFT

2 MITTELDRIFT

3 HEYGENDORFER DRIFT

Heygendorf und Umgebung

An der Helme

Über die Dächer von Heygendorf

Geschichtsträchtiges Land

Wie zum Teil schon beschrieben, prägten die Flüsse Helme, Unstrut, Saale und Elbe den Naturraum eines Teiles von Mitteldeutschland. Die günstigen Lebensbedingungen in dieser Landschaft hatten die Ansiedlung von Menschen und damit das Entstehen einer Kulturlandschaft zur Folge. Die von Raubgräbern auf dem Mittelberg im Ziegelrodaer Forst 1999 gefundene älteste konkrete Darstellung des Kosmos, war eine archäologische Sensation. Die „Himmelsscheibe von Nebra" genannte Metallscheibe, vor etwa 3600 Jahren geschmiedet, stellt den Himmel mit Sonne, Mond und Sternen dar. Sie hat gewissermaßen auch das Bild von unseren Vorfahren revolutioniert. Das Original befindet sich jetzt im Landesmuseum für Vorgeschichte in Halle an der Saale.

Die Pfalzen der deutschen Kaiser aus dem frühen Mittelalter und Bauten von der frühen Romanik, über Gotik und Barock bis hin zum Bauhaus der Moderne, sind Zeugnisse und Beweise für das reiche kulturelle Leben in dieser Gegend Deutschlands. Eine „Straße der Romanik" genannte Route verbindet in einem Nord-und einem Südteil über 60 Zeugnisse der Romanik im jetzigen Bundesland Sachsen-Anhalt. Darunter sind Dorfkirchen, Burgen, Schlösser und berühmte Dome. Der Südteil führt auch durch Sangerhausen und Allstedt. Die Landesgrenze zu dem jetzt wieder zu

Thüringen gehörenden Kyffhäuserkreis, in dem Heygendorf noch liegt, verläuft unweit östlich und nördlich der Ortsgrenze.

Die Reformation nahm hier ihren Anfang. Geburtsstätte und die Orte des Wirkens von Martin Luther liegen ganz in der Nähe der Heimat meiner Kindheit. Der Pfarrer Thomas Müntzer hielt seine Fürstenpredigt am 13.7.1524 im Schloss Allstedt, in der er der herrschenden Klasse ins Gewissen redete und mehr Rechte für das gemeine Volk anmahnte. Die ideologische Ausrichtung zu meiner Schulzeit sprach von „frühbürgerlicher Revolution", wenn von den Bauernkriegen die Rede war. Sie fanden auf den Schlachtfeldern von Bad Frankenhausen mit der vernichtenden Niederlage der aufständischen Bauern ihr Ende. Während Martin Luther angeblich von den mordenden und brandschatzenden Horden der Bauern sprach und Ergebenheit gegenüber der Obrigkeit forderte, kämpfte Thomas Müntzer als Revolutionär mit den Bauern. Sein Leben und Tod wurde entsprechend verherrlicht. Er war nach der letzten Schlacht gefangen genommen, gefoltert und öffentlich hingerichtet worden. In späteren DDR-Zeiten wurde auf dem Schlachtberg bei Bad Frankenhausen eine gewaltige Rotunde errichtet. Im Inneren befindet sich ein riesiges Rundgemälde des Malers Tübke und seiner Schüler, das die geistigen und gesellschaftlichen Größen dieser Zeit und ihre apokalyptischen Zustände zeigt.

Oberhalb von Bad Frankenhausen, auf den Höhen des Kyff- häusergebirges, wurde in der nationalistischen Epoche Ende des 19. Jahrhunderts zu Ehren Kaiser Wilhelms I. auf dem Gelände der ehemaligen Reichsburg Kyffhausen ein gewal- tiges Denkmal errichtet. Es erinnert auch an den frühen Kai- ser Friedrich I., genannt Barbarossa, der auf dem Rückweg vom dritten Kreuzzug beim Baden ertrank. Die alte Sage von einem im Berg schlafenden Kaiser wurde auf ihn, den Kaiser Rotbart, übertragen. Er soll einst wieder aufwachen und die entschwundene Kaiserherrlichkeit erneut herstellen. Ebenso wie die Schlachtfelder bei Bad Frankenhausen war das Kyffhäuserdenkmal ein beliebtes Ziel für Schulausflüge. Außerdem gibt es in dieser Gegend noch eine große er- schlossene Gipshöhle, die Barbarossahöhle, ein weiteres be- liebtes Ausflugsziel.

Heygendorf und die umliegenden Dörfer gehörten seit dem 15. Jahrhundert zum Amt Allstedt im Großherzogtum Sach- sen-Weimar-Eisenach. Schon unter der Herzogin Anna Amalia, besonders aber unter ihrem Sohn Herzog Carl Au- gust, entwickelte sich am Weimarer Hof ein geistig- literarisches Zentrum, später die Weimarer Klassik genannt. Carl August hatte seinen Freund Goethe nach Weimar geholt. Später nahm auch Schiller, der eine Stelle als Professor für Geschichte in Jena bekommen hatte, dort seinen Wohnsitz. Andere Geistesgrößen folgten und lebten zumindest zeitweise dort. Goethe bekleidete am Hof auch die Stelle eines Ministers. In dieser Position war er unter anderem für den Bergbau und die Landesentwicklung zuständig. Auf seine besondere Beziehung zu Heygendorf komme ich im nächsten Kapitel noch einmal zurück. Der Anfang des 19. Jahrhunderts war die Zeit der Napoleonischen Kriege. Goethe war damals schon so berühmt, dass er auch Napoleon getroffen hat. Später auf dem Rückweg von seinem unseligen Russlandfeldzug wurde Napoleon in der Völkerschlacht bei Leipzig 1813 endgültig vernichtend geschlagen. Der Wiener Kongress 1814 sorgte nach einem erneuten kurzen Aufbäumen Napoleons für eine Neuaufteilung Europas. Nach dem Geschichtsbild meiner Kindheit in der DDR waren diese Geschehnisse nur noch feudalistisches Nachgeplänkel. Wir hörten im Geschichtsunterricht mehr etwas vom Wartburgfest 1817, vom Hambacher Fest der deutschen Studenten und von der Revolution 1848/49. Aber das war nicht mehr die Sache eines Großherzogs von Weimar.

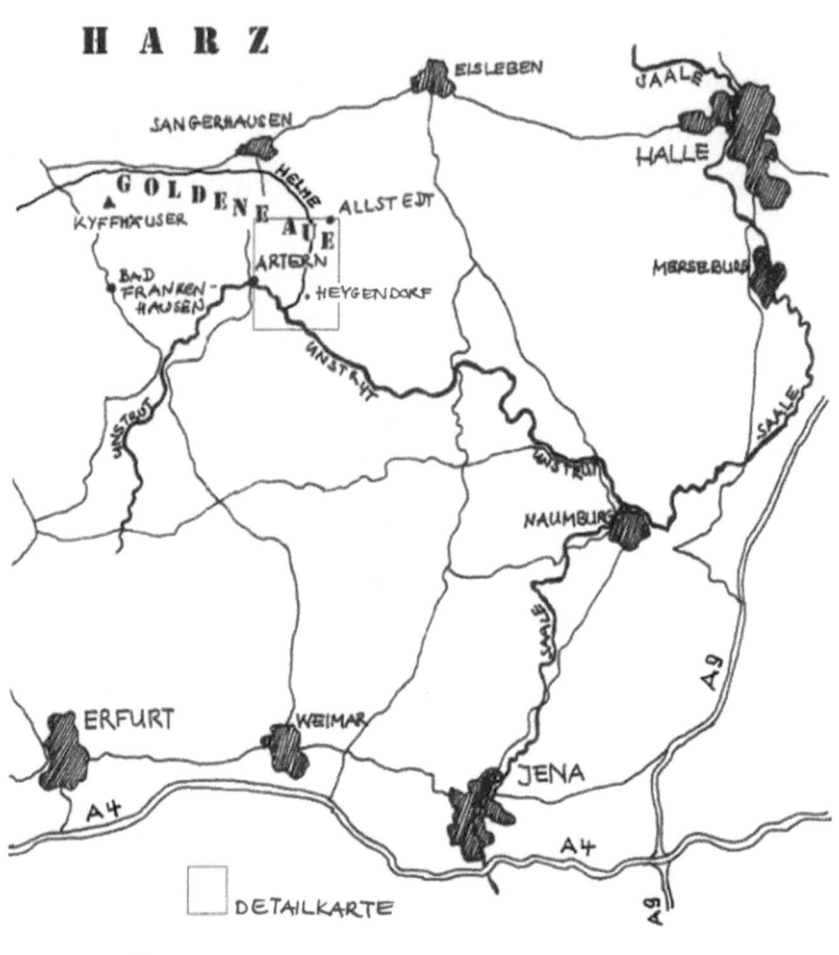

HARZ

EISLEBEN

JAALE

SANGERHAUSEN

HALLE

HELME

GOLDENE

KYFFHÄUSER

ALLSTEDT

AUE

MERSEBURG

ARTERN

BAD FRANKEN-HAUSEN

HEYGENDORF

UNSTRUT

SAALE

UNSTRUT

UNSTRUT

NAUMBURG

SAALE

A 9

ERFURT

WEIMAR

JENA

A 4

A 4

□ DETAILKARTE

A 9

THÜRINGER WALD

├───────┤ = 10 km

Die weitere Umgebung von Heygendorf

82

Das dörfliche Leben in Heygendorf

Erstmalige Erwähnung findet der Ort in einem um 890 entstandenen Verzeichnis der Zehnten des Klosters Hersfeld als zehntpflichtiger Ort Hachendorpf. Schaafsdorf wurde wohl zur gleichen Zeit gegründet, erstmals jedoch 1273 als Scafsdorp urkundlich erwähnt. Im 13. und 14. Jahrhundert unterstand Heygendorf den Grafen von Mansfeld. Nach mehrfachen Besitzwechseln landete das Rittergut Heygendorf als Lehen bei denen von Geusau, die es ca. 350 Jahre mehr schlecht als recht verwalteten. Diese Familie sei wegen ihrer Streitsucht oft eine Landplage gewesen.

1809 schenkte Großherzog Carl August seiner Geliebten, der Weimarer Schauspielerin Caroline Jagemann, das Lehen. Auch das Gartenhaus an der Ilm in Weimar, das Goethe gemietet hatte, gehörte der Frau von Heygendorf. Man kannte sich also, nicht nur vom Theater, wo sie Goethe gegenüber angeblich durchaus selbstbewusst aufgetreten sei. Wenn Goethe als Minister auf Inspektionsreise in Richtung Allstedt vorbeikam, hielt er natürlich an. Noch heute zeugt das „Goethes Gartenhaus" genannte pavillonartige Gebäude, gleich in der Nähe des Ortseingangs von Heygendorf, davon. Ein Sohn von Frau Jagemann hatte dann das Gut geerbt und erst 1930 haben dessen Nachkommen das Gut verkauft. 1923 wurden Schaafsdorf und Heygendorf zu einer

Gemeinde zusammengelegt. Nach 1945 kam der bis dahin zu Thüringen gehörende Ort zum Kreis Sangerhausen im Bezirk Halle. Seit einer Gebietsreform 1952 gehörte das Dorf zum Kreis Artern. Nach der Wende kam es wieder zu Thüringen, es gehört seit 1994 zum nordthüringer Kyffhäuserkreis.

Als man Anfang des 20. Jahrhunderts auch auf den Fluren von Heygendorf, etwa einen Kilometer östlich oberhalb, Richtung Wald, nach Kalisalzen bohrte, entstand an der Verbindungsstraße, in der Mitte zwischen Heygendorf und Schaafsdorf eine Siedlung, die Kolonie genannt wurde. Oben, in der Nähe der Schachtanlagen, waren einige nach unseren damaligen Vorstellungen villenartige Häuser für Angehörige der Betriebsleitung errichtet worden. Die Schachtanlage, der Betrieb des Bergwerks war schon bald aus Wirtschaftlichkeitsgründen eingestellt worden, wurde 1945 von den Russen gesprengt. Aber die Ruine der riesigen zentralen Halle ist noch heute weithin sichtbar. Das ganze Gelände, samt den Abraumhügeln, war ein gigantischer Abenteuerspielplatz für uns Jungen. Die Abraumhügel waren besonders von Süden her weithin sichtbar. Schimmerten die Salzablagerungen weiß, zeigten sie niedrige Luftfeuchtigkeit, also trockene Ostwetterlagen an. In schmutziges Grau schlugen sie bei steigender Luftfeuchtigkeit oder gar

Regen um. Man konnte daran gewissermaßen die Großwetterlage ablesen und bis zu einem gewissen Grad sogar Wetterprognosen machen. An den in großer Zahl herumliegenden Mauerbruchstücken konnten auch wir Jungen erkennen, dass das Mauerwerk mit einem extrem harten Zementmörtel errichtet worden war, denn es war unmöglich, einzelne Ziegelsteine für den erneuten Gebrauch frei zu klopfen.

Neben der bäuerlichen Bevölkerung Heygendorfs und den ortsansässigen Handwerkern, existierte auch eine solche, die aus den Familien der Arbeiter und Handwerker bestand, die in den Schachtanlagen und Fabriken der umliegenden Orte tätig waren. Man musste sich zu Fuß oder mit dem Fahrrad an die Arbeitsstätte begeben. Erst allmählich entstanden Busverbindungen zum Arbeits- oder Schichtbeginn, die dann auch die einzige Möglichkeit für andere Einwohner waren, in die nächste Stadt zu gelangen. Neben den kleineren und größeren Bauern gab es am Ort drei Wirtshäuser, zwei Bäckereien, einen Fleischer und drei Tante-Emma-Läden, die später Konsum- oder HO-Verkaufsstellen wurden. HO stand als Abkürzung für die staatliche Handelsorganisation. Außerdem gab es verschiedene Handwerker wie Tischler, Stellmacher (Wagner), Schmied, Sattler, Schuster, Schlosser und Gärtner. Fasziniert hat mich in meiner frühen Kindheit auch ein Bastler, der die Enden von Wendeln durchgebrannter Glühbirnen unter Spannung so hin balancierte, dass der entstehende Lichtbogen sie wieder verschweißte und zumindest für eine Weile wieder funktionsfähig machte. Das klappte natürlich nicht immer.

Nach dem Krieg waren, so wie wir, viele Flüchtlinge in den Ort gekommen. Neben dem Bevölkerungswachstum brachte das auch eine kulturelle Belebung. So konnte unser Lehrer Jaritz einige Jahre aus einem reichen Vorrat an sangesfreudigen Kehlen für seinen Chor schöpfen. Die Reste der nazistischen Organisationen waren durch die Übernahme ähnlicher Prinzipien in der Schüler- und Jugendorganisation ersetzt worden. Der Gutshof, unmittelbar neben der Heygendorfer Kirche, wurde Mitte der fünfziger Jahre zum Sitz der LPG-Verwaltung. Die Gutsherren und Großgrundbesitzer waren ja in der sowjetischen Besatzungszone schon kurz nach dem Krieg enteignet worden. Ab dem oben erwähnten Zeitpunkt bemühte man sich dagegen wieder, alle noch selbstständigen Bauern in so genannte Landwirtschaftliche Produktionsgenossenschaften, LPG, einzugliedern. In diesem Gutshof befanden sich auch ein Klassenzimmer unserer Schule und die Wohnung eines Lehrerehepaares.

Fast alle der kleineren Häuser entlang der Straße hatten auch einen Garten hinter dem Haus, der in der Nachkriegszeit intensiv genutzt wurde. Noch in meiner Kindheit wurde am nordöstlichen Ortsrand sogar eine Schrebergartenanlage errichtet, für Leute, die keinen eigenen Garten besaßen. Manches über den Eigenbedarf Produzierte gelangte auch in den „Handel". Manch einer fütterte ein Schwein in einem Stall hinter dem Häuschen, das dann meist im Herbst geschlachtet wurde. So auch Hammis Eltern bzw. Großeltern. Von diesem Schlachtfest werde ich noch separat erzählen. Wir Jungen angelten uns manche Rhabarberstange oder andere Früchte und Beeren mit unseren dünnen Ärmchen durch die Staketen der Zäune. Im Wald gab es im Herbst natürlich Pilze und im Ried im September Champignons.

Das dörfliche Leben war hauptsächlich durch die Landwirtschaft geprägt. Von der Bäuerin, die mit einer Kuh vor dem Ackerwagen oder dem Pflug zu sehen war, über den Kleinbauern mit einem klapprigen Schimmel, bis hin zum größeren Bauern, dessen Ackergeräte von zwei stattlichen Rössern gezogen wurden. Da die Rösser nicht immer brav stehen blieben oder aufgeschreckt werden konnten, wenn der Bauer etwas zu tun hatte, wurde man auch als Kind gelegentlich aufgefordert, doch mal schnell die Pferde zu halten. Kaum zum Zügel am Kopf reichend, habe ich das als kleiner Junge die wenigen Male nur mit größtem Respekt getan. Wenn der einzige Traktor des Ortes in den frühen 50er Jahren, das schon erwähnte Vorkriegsmodell, irgendwo im Freien stand, meist am Dreschplatz in der Nähe der Schlosserwerkstatt, versuchten wir schon mal die Kupplung durch zu treten. Das erforderte allerhöchste Kraftanstrengung. Der Wochenendfriede kam erst am Samstagnachmittag über das Dorf, wenn alle Bauern von den Feldern zurückgekehrt waren. Wenn dann die Glocken läuteten, konnte sich eine richtig feierliche Ruhe über das Dorf legen.

Es gab natürlich auch eine Gemeindeverwaltung und einen Bürgermeister. Was da so ablief haben wir Kinder weniger mitgekriegt, es hat uns ehrlich gesagt auch nicht sonderlich interessiert. Als Amtsperson aufgefallen ist am ehesten der Gemeindediener Karnstedt, genannt Karnstepel, der ein bis zweimal in der Woche mit einer Handglocke aus Messing durchs Dorf ging, alle 200 Meter stehen blieb, eine Weile bimmelte und dann „Bekanntmachung" rief. Von den Bekanntmachungen blieb allenfalls Anekdotisches in Erinnerung. So hatte er eines Tages verkündet: „Wenn der Misthaufen in der Kolonie (den irgendein Unbekannter, aus welchen Gründen immer dort abgeladen hatte) nicht bald verschwindet, setzt sich der Gemeinderat dahinter". Gelegentlich begann er nach dem Wort „Bekanntmachung" seine Vorlesung mit den Worten: „Verfluchtes Gänsegeschnattere".

Es gab sicher noch andere „Originale" im Dorf, die uns Kindern allerdings nicht so auffielen. Speziell erinnern kann ich mich an den alten Ortscheid, dem nachgesagt wurde, dass er in seiner Jugend mit dem Schubkarren bis nach Weimar auf den Markt gegangen sei. Immerhin eine Strecke von über 40 Kilometern. In seiner Jugend war auch die Bahnlinie nach Erfurt neu. Sie führte an Artern vorbei und hatte auch eine Haltestelle im nächsten Ort Reinsdorf. Dort wiederum hatte Ortscheid eine Freundin. So beschloss er eines Sonntags, diese mit dem Zug zu besuchen. Er lief nach Artern und kaufte sich eine Rückfahrkarte nach Reinsdorf. Die freie Zeit war damals knapp bemessen und seine Freundin musste wohl abends wieder in den Stall, um die Tiere zu versorgen. So marschierte er am Spätnachmittag wieder zum Bahnhof. Dort stellte er allerdings fest, dass er über eine Stunde auf den nächsten Zug hätte warten müssen. Also machte er sich zu Fuß auf den Heimweg, denn von Reinsdorf nach Heygendorf war es nicht viel weiter, als von Artern dorthin. Diese Geschichte hat er dann wohl am Abend im Wirtshaus mit der Bemerkung erzählt: „Die werden auf mich gewartet haben am Bahnhof".

Natürlich gab es auch einen Dorfpolizisten, ich glaube er hieß Holebeck. Dem gingen wir wenn irgend möglich aus dem Weg. Vor allem, wenn wir mit Steinschleuder, Angel oder Beil im Hosenbund unterwegs waren.

Von den besonderen Bräuchen ist mir noch der Umzug des „Erbsbären" am Faschingsdienstag in Erinnerung. Ein Mann wurde bis über den Kopf in braunes, gedroschenes Erbsenstroh eingehüllt und so zu einem großen Bären verkleidet. Er lief an der Kette eines Bärenführers und hatte noch eine Faschingsgesellschaft mit einer kleinen Kapelle in seiner Begleitung. So zog man von Haus zu Haus und Hof zu Hof, stellte den Bären an jedem Platz vor, und ließ ihn ein wenig zur Musik tanzen. Eine als Clown oder Kasperl kostümierte Figur mit einer Pritsche scheuchte die Beobachter ein wenig auf und brachte zusätzlich Bewegung in die Szene. Ein Mann trug eine große V-förmig gegabelte Stange, auf die die gespendeten Mettwürste gehängt wurden, eine Frau einen Eierkorb, für diese Art von Spende. Natürlich gab es auch jemanden mit einer Geldkassette. So zog die Gesellschaft in Begleitung wechselnder Beobachter und vor allem einer Schar Kinder durchs Dorf. In der Schule hatten wir schon, um ein bisschen früher raus zu kommen, an die Tafel geschrieben: „Der Himmel ist blau, das Wetter ist schön, Herr Jaritz wir wollen den Erbsbär sehn". In einem Jahr hatten wir Jungen beschlossen, mit einem eigenen kleinen Erbsbär durchs Dorf zu ziehen. Schreiber Siegfried, der auch das

Erbsenstroh beisteuerte, war der Erbsbär. Leider bin ich genau zu dieser Zeit wieder einmal krank geworden und konnte an dieser spaßigen und sehr erfolgreichen Aktion nicht teilnehmen. Deshalb kann ich auch keine Details davon erzählen.

Bei Hochzeiten war es Brauch, dass das Brautpaar, aus der Kirche kommend auf dem Weg nach Hause oder zur Feierstätte von einer Meute kleiner Kinder begleitet wurde. Je nach Weglänge warf der Bräutigam etwa alle 20 bis 50 Meter eine Handvoll Kleingeld auf die Straße, um das sich die Kleinen dann balgten. Die Mutigeren versperrten zu zweit, mit einem Strick quer über die Straße, dem ganzen Hochzeitszug den Weg. Der Bräutigam musste sich dann mit einem größeren Geldstück den Weg freikaufen.

Etwa einmal im Monat kam ein mobiler Filmvorführer in den Saal des Gasthauses Og. Erste Erinnerungen daran sind die an eine Art Wochenschau, wo Männer palaverten und man überhaupt nicht verstand, worum es dabei ging. Aber auch an eine Verfilmung von Jules Vernes „20 000 Meter unter dem Meer", sogar in Farbe, kann ich mich erinnern. Als wir größere Jungen waren, saßen wir natürlich lässig in der letzten Reihe in der Kindervorführung am Nachmittag. In der ersten Reihe balgten sich die Kleinen. Ein- bis zweimal pro Vorstellung riss der Film und es dauerte eine Weile, bis nach dem Flicken die Vorstellung wieder weiter ging.

Die Schule

Es gab mehrere Klassenzimmer, die im Dorf verteilt waren. Wie schon berichtet, waren wir zwischen Ende des ersten und Mitte des zweiten Schuljahres in das Nachbarhaus des Schulhauses im Ortsteil Schaafsdorf gezogen. In dem Schulhaus befand sich unten ein Klassenzimmer und oben wohnte Lehrer Jaritz mit seiner Familie. In Heygendorf, etwas westlich von Kirche und Gut, gab es ein Schulgebäude mit zwei übereinander liegenden Klassenzimmern. Dorthin musste ich in der dritten und vierten Klasse gehen, ein Schulweg von etwa einer Viertelstunde. Südlich vom Gut gab es ein eigentlich hübsches Haus, das ebenfalls unten ein Klassenzimmer und oben eine Lehrerwohnung enthielt. Hier lagerten auch alle Materialien für den Physik- und Chemieunterricht. Die Heygendorfer Schule galt als besonders gut mit Material für Versuche ausgestattet. Dort wohnte der damalige Schulleiter mit seiner Frau, später dann ein Lehrerehepaar, das sich in Heygendorf gefunden hatte. An das Schulzimmer im Gut erinnere ich mich kaum, dort hatten wir nie Unterricht. An die Wohnung der Lehrer im selben Gebäude auch kaum, obwohl Hammi und ich dort bei der Frau Rattay Privatstunden in Englisch bekamen. Ihr Mann, ein beliebter Lehrer, wir hatten ihn glaube ich in Russisch und Sport, war früh verstorben. Dieser Unterricht war von meinen Eltern initiiert worden, als Vorbereitung für die Oberschule in Roßleben. In Wirklichkeit als Vorbereitung auf das westliche Schulsystem, denn zum Ende der Grundschulzeit in Heygendorf war unsere Flucht ja schon längst geplant.

An den Unterricht in der dritten und vierten Klasse kann ich mich nur düster erinnern. Irgendwelche Junglehrer durften an uns üben. Schon damals wurden die Besseren mit Korrekturaufgaben betraut. So erinnere ich mich an den Satz eines Diktates: „Für vier Pfennige bekam man einen Apfel". Der liebe Klassenkamerad hatte fast jedes Wort falsch geschrieben. Beim Wort Apfel wäre das verständlich gewesen, denn man sagte im örtlichen, dem Sächsischen ähnlichen Dialekt auch „Appl" statt Apfel. Außerdem hieß der Knabe auch noch so ähnlich, nämlich Apel. Da kann man schon durcheinander kommen.

Ab der fünften Klasse bis zum Ende der Grundschulzeit nach der achten Klasse und damit bis zum Sommer unserer Flucht in den Westen, waren wir wieder in der Obhut unseres Klassenlehrers Jaritz gleich nebenan. Ich musste wieder nur aus dem einen Hoftor schlüpfen und in das nebenan hinein. Es war die Zeit, in der wir als Jungs so richtig aktiv wurden und für jeden Unfug zu haben waren.

Den Bereich des Schulhauses betrat man durch eine breite Tür neben dem Tor an der östlichen Giebelseite des Hauses. Man ging an dieser entlang um die Ecke, um über eine Steintreppe an der südlichen Seite zum Klassenzimmer im Hochparterre zu gelangen. Der Eingangsbereich war teils mit buckligen Natursteinen, teils mit Gehwegplatten gepflastert bzw. belegt. Südlich vom Haus befand sich der Schulhof in der Breite des Hauses plus der des Eingangsbereichs. In ähnlicher Tiefe erstreckte er sich auch nach Süden. An der östlichen Seite, an die Stallgebäude des stattlichen Bauernhofs Kieme angrenzend, befand sich noch ein Scheunengebäude mit einem kleinen Hinterhof. Dort scharrten die Hühner von Jaritz. Hinten an der südöstlichen Ecke befanden sich die Plumpsklos, nach Männlein und Weiblein getrennt. Dort tauschten die Mädchen ihre Geheimnisse aus, während wir Jungen dort irgendwelche Aktivitäten planten und Absprachen trafen. Da die Klos nur durch eine Bretterwand getrennt waren, konnte man sich natürlich gegenseitig belauschen. Auf unserer Seite kam man sogar einmal auf die Idee, die bis in etwa einen Meter in die Odelgrube reichende Bretterwand mit einem an einen Stock gebundenen Spiegel zu überwinden. Da sich allerdings die Öffnung des Klositzes bei Benutzung verdunkelte, versuchten wir mit einer Taschenlampe Licht in die Angelegenheit zu bringen. Dieses

Unterfangen wurde natürlich entdeckt, gepetzt und brachte uns entsprechende Rügen von Vater Jaritz ein. In dem etwa 14 mal 14 Meter großen Schulhof stand an der Wand zu dem Scheunengebäude, das auf der anderen Seite unseren Hof nach Osten begrenzte, eine Art Gartenlaube, die als Aufbewahrungsort für Brennholz diente und unseren fortwährenden Attacken ausgesetzt war. Tatsächlich überlebte sie unsere Schulzeit auch nicht und brach zum Ende, wie geplant, zusammen.

Südlich an den Schulhof grenzte der Gemüsegarten von Frau Jaritz unter anderem mit einem prächtigen Petersilienbeet. Das liebte auch unser Kater Schnurr sehr, wurde daraus aber regelmäßig vertrieben. In unseren Pausen ließ er sich allerdings nie blicken, da war zu viel Lärm. Kam Frau Jaritz mal bei uns vorbei und Schnurr war in der Wohnung, verschwand er sofort unter dem Sofa. Weiter südlich schloss sich ein großer Obstgarten an, in dem gelegentlich auch die Ziege von Jaritz, an einen Obstbaum angebunden, weidete. Der Garten endete hinter einem Haus, das an der Straße nach Heygendorf lag. Dorthin, die Abkürzung durch den Garten nehmend, war Jaritz fast jeden Vormittag unterwegs. Er ging zur Post, führte dort Telefonate oder hatte andere Besorgungen, vielleicht auch auf der Gemeindeverwaltung, zu erledigen. Der alte Schulleiter war inzwischen verzogen oder versetzt worden und Jaritz war irgendwann Schulleiter geworden.

Wir hatten dann große Pause. Die konnte schon mal bis zu einer Stunde dauern, wenn sich Jaritz irgendwo verratscht hatte. Wir tobten je nach Wetterlage im Klassenzimmer oder im Hof herum. Meist wurde Jaritz, durch den Garten anmarschierend, rechtzeitig entdeckt. Frau Jaritz hatte eine unendliche Geduld und griff trotz des stets ohrenbetäubenden Lärms nie ein. Leider mussten wir das unpünktliche Erscheinen von Jaritz durch angehängte Zeit nach dem offiziellen Schulschluss büßen. Das war gelegentlich so lange, dass meine Mutter, die ja etwas zum Mittagessen gekocht hatte, von nebenan nachschauen kam, wo ich abgeblieben war. Meine Schwester Sigrid war in den letzten drei Jahren schon im Internat in Roßleben und ich war gewissermaßen, bis auf die Ferien, Einzelkind. Vater war die Woche über, manchmal auch für zwei Wochen, wenn er weiter weg war, z. B. in Berlin und Umgebung, auf Reisen, wie es bei uns hieß.

Unser Klassenzimmer hatte auf der Nordseite ein großes Fenster, auf der Ostseite drei solche. Schon in der Schule lernten wir, dass nur heftiges Lüften mit Durchzug zwischen dem hinteren und vorderen Fenster schnell genügend frische Luft bringt. An genauere wärmetechnische Begründungen erinnere ich mich nicht, aber auf die Richtigkeit mancher Dinge konnte man sich verlassen.

In der Klasse gab es zwei Bankreihen, die von vorn nach hinten in unterschiedlicher Größe gestaffelt waren. So wie es früher, als mehrere Jahrgänge in einem Klassenzimmer unterrichtet worden waren, üblich war. Bei uns saßen eben die Kleinen vorne, die Großen hinten. Rechts an der Fensterseite die Mädchen, links die Jungen, von vorne gesehen. Ganz hinten saßen stets die ein, zwei Jahre älteren Sitzenbleiber, bei denen man die Hoffnung auf eine aktive Beteiligung am Unterricht ohnehin schon aufgegeben hatte. Ich erinnere mich noch an einen solchen Kameraden, der hinten, still vor sich hin, seinen Namen in mehrere Zentimeter großen Lettern in die Bank schnitzte. Nach zwei Dritteln des Namenszuges wurde Jaritz darauf aufmerksam und es begann die entsprechende Strafaktion. Sie bestand darin, dass der Delinquent zunächst an einem Ohr in die Höhe gezogen wurde. Daraufhin folgte das Hin- und Herziehen des Kopfes an besagtem Ohr und sie endete mit einer gewaltigen Ohrfeige, wenn der losgelassene Kopf zurück schwang und sich mit der weit ausholenden Hand von Jaritz klatschend traf. Ich weiß nicht, wie viele Jahrgänge den unvollendeten Namenszug nach uns noch gesehen haben. Auch Scholli, der ganz vorne saß, erwischte mal eine Kopfnuss. Ich weiß nicht

mehr, was er angestellt hatte, aber Jaritz traf den sich Weg-
duckenden unglücklich, so dass der Ehering von Jaritz eine
Platzwunde verursachte. Scholli blutete heftig, sprang auf
und lief nach Hause. Da die Prügelstrafe damals schon verboten war, ging es Jaritz „nass rein". Er ging wohl zu Schol-
lis Mutter, sich zu entschuldigen und mäßigte danach seinen
gelegentlich auftretenden Jähzorn etwas.

Ich saß etwa in der Mitte der Bankreihen, neben dem Ofen,
der dort an der Innenwand stand. Es war ein hohes, prächti-
ges, gusseisernes Exemplar, dessen Beheizung eine Kunst
war und an den niemand, außer Vater Jaritz selbst, dran
durfte. Vor der gewaltigen Hitzestrahlung, die der Ofen
nach einiger Zeit entwickelte, wurden die benachbarten
Bankreihen durch einen auf Füßen stehenden, verschiebba-
ren Blechschirm geschützt. Aber auch trotz dieses Strah-
lungsschutzes konnte es im Winter in Ofennähe ganz schön
warm werden. Das Anfeuern und Beheizen war, wie gesagt,
eine große Kunst, vor allem wegen des schlechten Brennma-
terials, wie des oft noch feuchten Braunkohledrecks. In
strengen Wintern, wenn der Braunkohletagebau zum Erlie-
gen gekommen war, kam es gelegentlich sogar zu Schulaus-
fall, da mangels ausreichender Vorräte nicht geheizt werden
konnte. Übertrieben frierend nahmen wir die Hausaufgaben
entgegen und durften dann wieder verschwinden. Welcher

Schüler würde sich nicht über ein paar zusätzliche Ferienta-ge freuen?

Freilich entsorgten wir heimlich, wenn Jaritz nicht anwesend war, in dem Ofen irgendwie belastendes Material. Auch Jaritz ließ entdeckte Schundliteratur, die heimlich weitergereicht oder getauscht wurde, sofort im Ofen verschwinden. Zwar ließ man sich bei solchen Aktionen selten erwischen, aber bei aus irgendwelchen Gründen plötzlich angeordneten Schulranzenkontrollen kam so etwas schon mal zum Vorschein. Konfiszierte Gegenstände oder Materialien, die zu wertvoll für die sofortige Vernichtung in der geschilderten Art waren, wurden vorn im Schrank aufbewahrt und erst am Schuljahresende dem Besitzer wieder ausgehändigt.

Die Arbeitsflächen der Bänke waren etwas geneigt und mittig geteilt, so dass man die untere Hälfte nach oben umklappen konnte. Dadurch konnte man leichter in die Bankreihe reinschlüpfen. Am oberen Rand befanden sich die Behälter für die Tintenfässer, die mit einem Blechklappdeckel versehen waren. Es war ein beliebtes Spiel (natürlich nur in den Pausen), diese Deckel aus der senkrechten Stellung mit einem Schlag schnell nacheinander zuzuschlagen. Ein Spiel, für dessen exakten und klangvollen Ablauf sich alle beteiligen mussten. Gewissermaßen eine akustische Laola-Welle. Noch mehr Lärm machte allerdings das Zuklappen der

Schreibflächen der Bänke selbst. Dabei konnte allerdings auch einer allein alle sorgfältig in der senkrechten Stellung fixierten unteren Hälften, durch den Mittelgang rennend, nacheinander zuklappen. Längere Konzerte konnten gestaltet werden, wenn sich in jeder Bank einer an dem Trommelwirbel beteiligte und das aufspringende Unterteil erneut oder wiederholt zuknallte. Während die Mädchen dann kreischend und sich die Ohren zuhaltend das Klassenzimmer verließen, konnte es für uns Jungen nicht laut genug zugehen. Alles was knallt und kracht ist eben, was an anderer Stelle noch zu zeigen sein wird, etwas für kleine und auch größere Jungs.

Eine Zeit lang spielten wir auf den Schulbänken eine Art Tischfußball mit drei Münzen, jeweils auf ein gegnerisches Tor. Gestartet wurde am einen Ende der Bank, am eigenen Tor, wobei die hintere der in ein Dreieck gelegten Münzen mit dem gekröpften Zeigefinger über die gedachte Linie zwischen den beiden vorderen geschubst wurde, so dass ein neues Dreieck entstand. Das wurde wiederholt, bis man es in die Nähe des gegnerischen Tores geschafft hatte. Dann wurde der Torschuss durch die vorderen beiden Münzen gewagt. Der Angriff war gescheitert, wenn sich zwei Münzen berührt hatten, kein geeignetes neues Dreieck entstanden war oder der Torschuss danebenging. Dann kam der andere dran. Man spielte bis einer zehn Tore erreicht hatte. Erschwert wurde das Spiel durch die Neigung der Schreibplatte und deren Unebenheit weil sie geteilt war. Die Mädchen stritten sich dagegen und keiften sich gelegentlich gegenseitig an, wofür wir Jungen wiederum kaum Verständnis hatten. Vor allem in der siebten und achten Klasse, als die Kinder aus den Nachbardörfern Mönchpfiffel und Nikolausrieth mit bei uns in die Klasse gingen, gab es gewisse Rivalitäten.

Fußballspielen war im Schulhof nicht gestattet, die Gefahr für die Fensterscheiben wäre doch zu groß gewesen. Was uns aber nicht daran hinderte, in jedes irgendwie geeignete Objekt zu treten oder mit irgendwelchen Stöcken oder Latten so eine Art von Hockey zu spielen. Nur die mutigsten der Mädchen, z .B. Monika Waßmann, genannt der Wassermann, beteiligten sich gelegentlich daran. Ein beliebtes Spiel war auch, Mädchen (wir nannten sie damals oft nur „die Weiber") zu fangen und in einen etwa einen Meter breiten Mauerzwischenraum im Schulhof zu schieben. Der Druck von innen wurde aber meist schnell so groß, dass die Wachmannschaft am Eingang überrannt wurde. Am Rand des Schulhofs, zum Garten hin, stand eine schöne große Pumpe mit einem langen gusseisernen Schwengel. Mit Wasser kann man auch allerhand Unfug treiben, z. B. etwas davon den Weibern ins Genick schütten.

Ab und zu mussten auch die Hühner von Jaritz, die die Angewohnheit hatten, über die Mauer des Hühnerhofs zu flattern, um im Garten nach frischer Nahrung zu scharren, eingefangen werden. Jaritz stutzte den armen Viechern dann mit einer Schere die Flügel und dann war wieder eine Weile Ruhe im Hühnerhof. Ich meine, ab und zu hätten sich auch ein paar Hühner vom Bauern Kieme in die große Freiheit gewagt und wurden auf die gleiche Weise behandelt. Eine besonders unschöne Angewohnheit hatte Jaritz auch noch. Wenn er gehustet oder sich geräuspert hatte, ging er gelegentlich aus dem Klassenzimmer und rotzte ungeniert vom oberen Treppenabsatz in den Schulhof.

Die Tafeln wurden mit Lappen trocken abgeputzt. Sie wurden dann draußen zum Entstauben an die Hausecke geschlagen. Von uns Jungen im wahrsten Sinne des Wortes, bis die Fetzen flogen. Eine der Schultafeln konnte man an Metallstreben vorziehen und umklappen. Um bei dem seitlich einfallenden Licht Blendfreiheit zu erzielen, wurden drei mal drei Zentimeter dicke, etwa 20 Zentimeter lange, schön polierte Buchenholzklötzchen oben zwischen Wand und Tafel gesteckt und auf diese Weise letztere etwas geneigt. Jaritz benutzte diese Klötzchen auch dazu, um mit ihnen auf den Tisch schlagend für Ruhe zu sorgen oder eine Kopfnuss auszuteilen. Immer auf der Suche nach irgendeinem Blödsinn, verabredeten wir, dass diese Klötzchen bis zum Ende unserer Schulzeit verschwinden müssten. Sie taten es auch auf mysteriöse Weise. Niemand konnte es sich trotz intensiver Befragung erklären. Auch wurden sie trotz akribischer Suche nie wieder gefunden. Noch vor Ende der Heizsaison waren sie im Ofenloch verschwunden, praktisch rückstandsfrei.

An den Unterricht in den einzelnen Fächern kann ich mich nur vage erinnern. Vielleicht daran, dass der Russischlehrer nicht viel weiter war als wir. Oder daran, dass wir die Bakterien im Abstrich von Jaritz´ morgendlicher Mundschleimhaut im Mikroskop beim Biologieunterricht nur mit allergrößtem Ekel betrachteten. Dass der tragische Ausgang des Gedichts von John Maynard, dem Steuermann, oder der rührselige der Bürgschaft sowie der der Ballade Nis Randers, von einem Sturm auf der Hallig, Jaritz stets erneut zu Tränen rührte, erheiterte uns raue Gesellen ungemein. Da der Physik- und Chemieunterricht wegen der Versuchsmaterialien im Klassenzimmer unten in Heygendorf stattfand, mussten wir gelegentlich wandern. Der jeweils viertelstündige Weg bedeutete für alle eine lustige Abwechslung im Schulalltag. Im Winter, wenn Schnee lag, haben wir Jungen uns schon mal beeilt, um die Weiber am Schultor mit einer Kanonade von vorgefertigten Schneebällen zu empfangen. Im Sommer stand manchmal schon der Eismann mit dem Eiskübel neben seinem klapprigen Motorrad am Eingang der Kolonie. Auch kleine Hänseleien waren an der Tagesordnung. Wer mit wem etwas zu schaffen hat, zwischen Mädchen und Jungen natürlich. Einmal hatten wir der Familie einer Mitschülerin „Harzer Roller" besorgt, da Käse generell rar war. Die Übergabe dieses mysteriösen Pakets war dann Anlass für allerlei Spekulationen über Gudrun und Eberhard.

Auch kleine Rangeleien waren an der Tagesordnung. Einmal schlug eine schon etwas ältere Mitschülerin auf mich ein. Gegen das schon voll entwickelte, kräftige Mädchen war ich dünner Specht natürlich chancenlos. Ich duckte mich weg und hielt den Kugelkaktus vom Fensterbrett schützend vor mich. Das ging blitzschnell und so hieb das arme Mädchen voll mit der flachen Hand in diesen. Ich höre den Aufschrei heute noch. Aber sie war ungemein tapfer, petzte nicht und saß in der folgenden Stunde still in der Bank und versuchte, die abgebrochenen Stacheln aus der Hand zu pulen. Noch nach Tagen sah die Hand schlimm aus. Wie kann man auch eine so gefährliche Pflanze auf dem Fensterbrett eines Klassenzimmers großziehen?

Meine Mutter achtete stets darauf, dass die Hausaufgaben gleich nach der Schule erledigt wurden, bevor ich irgendwohin verschwand. Natürlich gab es, vor allem bei Aufsätzen, Hilfestellungen und Korrekturen. Einmal hatte ich aber einen Aufsatz über die Feiern zum 1.Mai, den „Tag der Arbeit", einen der wichtigsten Feiertage der Republik, vergessen zu schreiben. Noch kurz vor Schulbeginn hatte ich irgendetwas hingekritzelt und auch danach versäumt, einen ordentlichen Aufsatz zu schreiben. So wurde das Konvolut ein paar Tage darauf ins Reine geschrieben und zur Korrektur und Bewertung abgegeben. Kurze Zeit später traf meine Mutter Mitschüler auf dem Heimweg, die verkündeten, dass man heute den Aufsatz rausbekommen habe. „Welchen Aufsatz?", war dann natürlich die erste Frage zu Hause. Ausgerechnet das Wort Medaille, deren Verleihung an verdienstvolle Werktätige an diesem Ehrentag ich u. a. beschrieben hatte, hatte ich falsch geschrieben. Da Jaritz wusste, dass meine Eltern einmal ein Jahr in Paris gearbeitet hatten, war das auch für meine Mutter besonders peinlich.

Kinder von Eltern, die nicht als Arbeiter und Bauern galten (wir lebten ja in einem Arbeiter- und Bauernstaat) mussten einen besseren Notendurchschnitt mitbringen, um an der Oberschule zugelassen zu werden. Also war es schon wichtig, ein ordentliches Zeugnis zu haben. Im Abschlusszeugnis gab es fünf allgemeine Beurteilungen: Betragen, Fleiß, Mitarbeit, Ordnung und Gesamtverhalten. Die einzelnen Fächer waren: Deutsch, Mathematik, Geschichte, Gegenwartskunde, Russisch, Erdkunde, Biologie, Physik, Chemie, Körpererziehung, Musik, Kunsterziehung und Werken. Vor allem an die Arbeiten in den beiden letzten Fächern habe ich überhaupt keine Erinnerungen. Wohl aber daran, wie wir in unserer Freizeit eine Angel hergestellt haben oder Steinschleudern und was wir sonst alles mit Beil und Messer geschnitzt haben. Obwohl unser Fach offiziell Mathematik hieß, arbeiteten wir mit dem dazu gehörenden „Lehrbuch für den Rechenunterricht in der Grundschule". Ich bin noch im Besitz des einzigen Schulbuchs aus dieser Zeit. Es ist von meinem Vater kunstvoll mit einem Schutzumschlag aus Papier versehen worden und einem Etikett mit Titel und meinem Namen.

An der hinteren Wand des Klassenzimmers, am Ende des Mittelgangs prangte die „Wandzeitung". Diese war mit den Emblemen Hammer und Sichel (für die Sowjetunion) und Zirkel mit Ährenkranz (für die DDR) geschmückt. Die Bilder von roten Fahnen trugen zusätzlich die Köpfe der großen Vorbilder des Sozialismus, Marx, Engels, Lenin und Stalin. Hier sollte über das Leben und Wirken der Vorbilder des Sozialismus und anderer verdienter Kämpfer der Arbeiterklasse berichtet werden. Es wurden dort allerlei Bilder und Schlagzeilen von Parolen und Verpflichtungserklärungen aus der Tageszeitung angeheftet. Der Kopf von Stalin verschwand allerdings 1956 still und leise und es blieben nur noch die Köpfe von Marx, Engels und Lenin übrig.

Der Chor

Im Schulunterricht gab es ganz offiziell das Fach Musik. Das bestand nach meiner Erinnerung allerdings einzig und allein darin, singen zu üben und dabei auch die entsprechenden Liedtexte zu lernen. Da es bei meinen Eltern in deren Kindheit und Jugend auch üblich war, dass beim Wandern und bei Ausflügen gesungen wurde, galt das auch in unserer Familie. Wir waren gewissermaßen vorbelastet und auch vorbereitet. Man kannte irgendwie die Texte der üblichen Volkslieder, ohne jemals das Gefühl gehabt zu haben, diese lernen zu müssen.

Jaritz spielte Geige, liebte die Musik im Allgemeinen und Singen im Besonderen. Wie schon erwähnt, gab es nach dem Krieg mit dem Zustrom von Flüchtlingen auch einen Zuwachs an sangesfreudigen Kehlen. So erlebte Jaritz` Lieblingskind, der Chor, eine enorme Blüte. Natürlich gab es in der Klasse auch ausgesprochen unbegabte Sänger, für die es eine Qual war, einzeln aufstehen und vorsingen zu müssen. Gelegentlich war das auch eine tränenreiche Angelegenheit, besonders bei völlig unmusikalischen Mädchen. Jungen genierten sich da weniger.

Die Teilnahme am Chor war zwar offiziell freiwillig, aber praktisch musste jeder, der einigermaßen singen konnte, antreten. Vor allem für Jungen war das mit einem schweren

Nachteil verbunden. Der Chor probte an einem Nachmittag, zwei Stunden lang. Der Tag war damit also versaut. Grundsätzlich wurden im Chor die erste und die zweite Stimme unterschieden. In der zweiten Stimme sangen die Besseren, die die etwas ungewohnte, eben die zweite Stimme der Melodie halten konnten. Dazu gehörte meine Schwester. Mein Talent war etwas bescheidener. Ich konnte nur die Grundmelodie eines Liedes einigermaßen halten und gehörte deshalb zur ersten Stimme. Chormitglied wurde man ab der fünften Klasse. Ich erlebte ihn also nur ein Jahr lang zusammen mit meiner Schwester, die ja dann nach Roßleben ins Internat ging. Dadurch, dass ich den Jahrgang meiner Schwester durch ihre Freundinnen kannte, hat sich möglicherweise bei mir der Eindruck verstärkt, dass mit diesem Jahrgang die Blüte des Chores ihren Höhepunkt erreicht hatte. Davon, was nach meiner Zeit geschehen ist, wir waren der letzte allein zahlenmäßig starke Jahrgang und manche Flüchtlinge waren auch inzwischen wieder verzogen, kann ich nichts mehr berichten.

Geprobt und gesungen wurden hauptsächlich Volkslieder. Lieder zu den Jahreszeiten, Wanderlieder und zu Weihnachten natürlich die bekannten Weihnachtslieder. Ich erinnere mich aber auch an ein seltener gehörtes Lied zur Adventszeit, meine Mutter hat es besonders geliebt. Es hatte sowohl einen schönen Text, als auch eine hübsche Melodie. Es begann mit: „Wind` den Kranz aus Tannengrün, singe frohe Lieder..." Ganz besonders viel Mühe haben wir uns einmal mit einer dreistimmigen Vertonung von Goethes „Wanderers Nachtlied", nämlich dem (es gibt ja zwei solche Nachtlieder), in dem die Zeile „Ach ich bin des Lebens müde..." vorkommt. Ein später antiquarisch erstandenes Liederbuch für die 5. und 6. Klasse, allerdings einige Jahre nach meiner Schulzeit herausgegeben, enthält eine Reihe von parteipolitisch geprägten Liedern, an die ich überhaupt keine Erinnerung habe. Ich vermute, dass auch nur wenige davon zu unserem Repertoire gehört haben. Natürlich wurde die Nationalhymne der DDR „Auferstanden aus Ruinen" gesungen. Bei dem Refrain „dass die Sonne schön wie nie über Deutschland scheint, über Deutschland scheint", konnte gelegentlich mal einer nicht der Versuchung widerstehen und statt „scheint", „scheißt" zu singen. So etwas wurde dann von Jaritz, wenn er meinte den Missetäter erkannt zu haben, mit einer schallenden Ohrfeige quittiert. Der Bestrafte bestritt das Vergehen natürlich, und wir anderen hatten nichts dergleichen gehört.

Bei den Proben im Klassenzimmer schlug Jaritz seine Stimmgabel an und ließ den Grundton für alle hörbar werden, indem er die Stimmgabel auf einen Resonanzkörper

(Tisch oder Tafel) hielt. Daraus wurden über la, la, la die entsprechenden Einsatztöne für erste und zweite Stimme (meist unterschieden sich die um eine Terz) abgeleitet. Wann immer für eine Festlichkeit musikalische Umrahmung gefragt war, trat der Chor an. Dabei konnte Jaritz allerdings die Stimmgabel nur mit den Fingern anzupfen und uns leise das jeweilige la, la vorgeben.

So ab einem Alter von 13, 14 Jahren hat man als Junge versucht, schon den Stimmbruch vorzuspielen und tatsächlich gelang es auch dem Einen oder Anderen, sich vorzeitig der nachmittäglichen Übung zu entziehen. Mir gelang es nicht.

Die gesellschaftliche und politische Situation

Wie schon erwähnt, war es eher ein Zufall, dass wir nach dem irrsinnigen und von Deutschland angezettelten Zweiten Weltkrieg als Flüchtlinge oder Vertriebene in dem Teil Deutschlands angesiedelt wurden, welcher der Siegermacht Sowjetunion als Einflussgebiet zugesprochen worden war. In der Sowjetunion war nach der Oktoberrevolution 1917 ein ganz anderes Gesellschaftssystem entstanden, dessen theoretische Grundlagen ausgerechnet von den Deutschen Karl Marx und Friedrich Engels geschaffen worden waren. Sie hatten mit dem Manifest der kommunistischen Partei die wissenschaftlichen Grundlagen gelegt. Die Parole „Proletarier aller Länder vereinigt euch", gewissermaßen der Untertitel des Manifests, war auch eine zentrale Parole in der schulischen Erziehung meiner Kindheit. Wie war es geschehen? Mit der industriellen Entwicklung ab Anfang des 19. Jahrhunderts war die Gesellschaftsschicht des Arbeiters entstanden. Daneben existierte ein Bürgertum bestehend aus Handwerkern und Gebildeten. Auch sie erkannten, dass die Kleinstaaterei keine Zukunft hatte und nur ein großer Nationalstaat weltpolitisch den anderen großen Nationalstaaten ebenbürtig sein konnte. Der Versuch, mit der Revolution von 1848/49 einen deutschen Nationalstaat zu gründen, war gescheitert. Schuld daran hatten die unterschiedlichen Interessen und die Schwächen einzelner Gruppen, vor allem die der so genannten Proletarier. Erst der gewonnene Krieg gegen Frankreich 1871 führte zur Gründung des Deutschen Reiches unter Führung von Preußen. Die unterschiedlichen weltpolitischen Machtinteressen hatten dann den Ersten Weltkrieg zur Folge. Inzwischen war jedoch in Russland eine Revolution des Proletariats ausgebrochen. Der Herrscher Zar Nikolaus II. und dessen Familie waren verjagt bzw. umgebracht worden. Nach der Terminologie meiner Schulzeit war es Lenin, der auf der Grundlage der Theorien von Marx und Engels mit der Großen Sozialistischen Oktoberrevolution 1917 siegte. Mit diesem Sieg begann, so hieß es „eine neue Epoche der Menschheitsgeschichte". Das kommunistische System hatte sich dann unter Stalin, dem Nachfolger von Lenin zu einer Diktatur (des Proletariats?) entwickelt. Als oberster Repräsentant der Siegermacht, dem Ostdeutschland als Herrschaftsgebiet zugesprochen wurde, war Stalin viele Jahre der vierte Kopf der „Heiligen", die wir zu verehren hatten. Die Köpfe von Marx, Engels, Lenin und Stalin prangten als Emblem überall, in Zeitungen, auf Schriftstücken und auf Fahnen.

Dem klassischen Proletarier, dem Arbeiter, fügte man noch den Bauern hinzu und fertig war der Arbeiter- und Bauernstaat. Dass es da noch andere Gesellschaftsschichten oder

114

Berufsgruppen wie Handwerker, Händler, Lehrer, Wissenschaftler, Verwaltungsfachleute (Beamte) usw. gab, fiel auch schon uns Kindern auf, vor allem aber unseren Eltern. Über allem schwebte die Partei, die Sozialistische Deutsche Einheitspartei (SED), die aus dem erzwungenen Zusammenschluss der Sozialdemokratischer Partei Deutschlands (SPD) und der Kommunistischen Partei Deutschlands (KPD) hervorgegangen war. Das SED-Parteiabzeichen am Ende einer Nadel, wurde am Revers der Jacke oder an ähnlicher Stelle der Kleidung getragen. Vor einer roten, wehenden Fahne waren zwei ineinander greifende Hände, wie bei einem Handschlag, dargestellt. Der Volksmund hatte für das Abzeichen den Namen „eine Hand wäscht die andere" geprägt. Später kam dann der Begriff „Seilschaften" auf. In solchen hielten (und halten angeblich heute noch) alte Kader der SED und später dann die der Stasi (Mitarbeiter der Staatssicherheit) zusammen. Zwar gab es noch ein paar andere Parteien, die aber ideologisch gleichgeschaltet waren. Sie wurden auch Blockparteien genannt und später, nach der Wende, spöttisch „Blockflöten". Aus diesen Parteien, hauptsächlich natürlich aus der SED, wurden die Kandidaten der so genannten nationalen Front aufgestellt. Diese traten als mögliche Volksvertreter bei den „Wahlen" an. Wobei man aber nicht irgendwelche auswählen konnte, sondern die Liste konnte nur insgesamt mit der Ja-Stimme beglückt werden. Alle Wahlen erfolgten mit einer Zustimmung von über 99 Prozent. Offiziell gab es zwar keine Wahlpflicht, aber wer es wagte, nicht zur Wahl zu gehen, wurde angeprangert oder schikaniert. Bei uns im Dorf galt nur der evangelische Pfarrer als ein solcher Wahlverweigerer.

Ausgerechnet der Begriff für einen Zustand, an dem es am meisten mangelte, nämlich die Freiheit oder die Möglichkeit sich für etwas frei zu entscheiden, wurde aus ideologischen Gründen missbraucht. So hieß das Zentralorgan der SED des Bezirks Halle, zu dem wir gehörten, unsere Tageszeitung „Freiheit". Auch wurde der Begriff „frei" gern allen möglichen Organisationen hinzugefügt, die speziell dafür gegründet wurden, um den Interessen der SED zu dienen. So wurden aus den Gewerkschaften verschiedener Berufsgruppen eine Einheitsgewerkschaft mit dem Namen Freier Deutscher Gewerkschaftsbund (FDGB). Die Jugendorganisation nannte sich Freie Deutsche Jugend (FDJ). Mein Vater liebte den Spruch: „Die Rehlein leben im Waldesgrund, sie sind auch organisiert, und zwar im FDRehlein Bund, damit ihnen nichts passiert". Diese feine Ironie versteht auch ein Zehnjähriger. Wir waren ständig den Widersprüchen des Systems ausgesetzt, nahmen das aber aus kindlicher Naivität und Sorglosigkeit eigentlich nicht ernst. Allerdings lernten wir sehr schnell, dass man die vielen Widersprüche in der politischen Erziehung, vor allem im Fach Gegenwartskunde, nicht diskutieren oder gar anprangern durfte.

Ein weiterer zentraler Begriff war der Kampf. Es musste immer gekämpft werden. In erster Linie für den Sieg des Sozialismus. Daneben gab es aber jede Menge Unterziele, für die gekämpft werden musste: die Erfüllung des Plansolls, die Beteiligung eines bestimmten Prozentsatzes aller Schulabgänger an der Jugendweihe, dass bis zu einem bestimmten Tag alle Rüben verzogen oder alle Kartoffeln geerntet sein müssen. Ganz besonders heftig wurde für Frieden und Völkerfreundschaft gekämpft. Es gab dafür auch ein Symbol, nämlich die Friedenstaube. Diese prangte auf allen möglichen Plakaten, Fahnen wurden damit bestickt und Anstecknadeln davon hergestellt. Natürlich gab es über sie auch ein Lied, nach der Nationalhymne angeblich das meistgesungene bei politischen Veranstaltungen. Irgendwann bekam die Taube auch noch einen Palmzweig in den Schnabel, als Verstärkung der Symbolkraft. Die damals übliche bildliche Gestaltung ging wohl auf Pablo Picasso zurück. Man berief sich dabei immer auf das Volk, besonders auf das der glorreichen Sowjetunion. Das ging natürlich in allen Kämpfen voran. Aber auch allen anderen Völkern unterstellte man ganz allgemein die Übereinstimmung mit allen politischen Auffassungen der SED. Die Meinung des jeweiligen Volkes war natürlich etwas ganz anderes als die der im Land herrschenden Klasse. Der Refrain eines bekannten Kampfliedes lautete: „Die Partei, die Partei, die hat immer recht." Aber schon wir Kinder hatten natürlich zu vielen Dingen bereits eine eigene Meinung. Wir sahen, dass sich unsere Eltern abmühten, genügend Geld für Wohnung, Ernährung und Kleidung zu beschaffen. Dann aber, wenn das Geld schon mal da war, war es fast unmöglich, tatsächlich ein Paar passende Schuhe zu finden. Es herrschte bei fast allen Gütern Mangel. Uns stand der Sinn auch überhaupt nicht nach Kampf, schon gar nicht für so abstrakte Dinge wie den Sozialismus, den Frieden oder gar die Arbeiterklasse. Nach der Schule, spätestens nach der Erledigung der Hausaufgaben, wollten wir raus, baden, Fußball spielen, angeln, Buden bauen, durch Flur und Wald streifen. Freilich haben wir dabei oft genug irgendeinen Blödsinn gemacht. Bei uns im Dorf wurde die politische Indoktrination nicht ganz so ernst genommen. Wenn wir früh ins Klassenzimmer kamen, schnarrte oben bei Jaritz der Störsender, der den bei den DDR-Oberen besonders verhassten Sender Rias Berlin unverständlich machen sollte. Also wusste jeder von uns, welche Art von Nachrichten unser lieber Lehrer Jaritz am liebsten hören wollte. Bei den so genannten Junglehrern wusste man das nicht so genau.

Nach dem Tod Stalins (1953) gab es im Ministerrat der Sowjetunion Veränderungen, die über die sowjetische Kontrollkommission auch Einfluss auf die SED-Führung hatten. Was da genau geschah, blieb den Bürgern der DDR verborgen, auch wenn gewisse Formulierungen in der Presse im Nachhinein ahnen lassen, dass da allerhand los war im Politbüro der SED. Die Erhöhung der Arbeitsnormen, die auch von der Gewerkschaft abgesegnet worden war, obwohl diese eigentlich die Interessen der Arbeitnehmer vertreten sollte, wurde jedoch nicht zurückgenommen. Daraufhin wurde in einigen Betrieben und vor allem auf den Baustellen in Berlin am 17. Juni 1953 die Arbeit eingestellt. Die Menschen gingen auf die Straße. Als, wahrscheinlich von Westberliner Jugendlichen (damals gab es ja noch keine Mauer), die rote Fahne vom Brandenburger Tor geholt worden war, ließ die Rote Armee die Panzer rollen. Die Menschenmassen wurden auseinander getrieben. Etwa 100 Todesopfer waren in diesen Tagen zu beklagen. Dass auch meine Eltern damals in Aufregung waren, spürte ich selbst als Neunjähriger. Ebenso, dass sich die politische Situation danach etwas entspannte und manche Repressionen wieder etwas gemildert wurden. Als selbstständiger Handelsvertreter hatte auch mein Vater in vielfältiger Weise unter den Schikanen der Planwirtschaft zu leiden. Sie hatten das Ziel, alles zu kollektivieren. So nahm Vater auch Uhrarmbänder eines volkseigenen Betriebes (VEB) mit in sein Vertriebsprogramm auf. Das passte, da Schmuck ja häufig in Uhrengeschäften oder den entsprechenden Abteilungen von Kaufhäusern angeboten wurde.

Erst einige Jahre nach Stalins Tod wurden dessen brutale Methoden bei der Vernichtung seiner Gegner durch Todesurteile oder die Verbannung nach Sibirien offenbar, auch die katastrophalen Folgen für die bäuerliche Bevölkerung durch den rücksichtslosen Ausbau der Industrialisierung. Sie kostete Millionen von Menschen das Leben. Chruschtschow, so hieß der 1. Sekretär der Kommunistischen Partei der Sowjetunion (KPdSU) damals, hatte sich im Politbüro durchgesetzt und die stalinistische Gewaltherrschaft weitestgehend beendet. Stalin wurde zur Unperson und sein Kopf verschwand von allen Bildern und Emblemen. Es blieben nur noch die Köpfe von Marx, Engels und Lenin übrig. Da wird auch ein Zwölfjähriger nachdenklich. Etwa zur gleichen Zeit, 1956, gab es den Aufstand in Ungarn. Dieser wurde natürlich von der kommunistischen Propaganda heftig kommentiert und als vom kapitalistischen Westen angezettelte Konterrevolution bezeichnet. Er nahm weit größere Ausmaße an, als der in der DDR 1953. Die Ereignisse mussten auch auf der Wandzeitung in unserer Schule entsprechend diskutiert werden. Natürlich waren wir vor allem über die Nachrichten aus dem Westen informiert. Da aber auch von den Vereinten Nationen (UNO) die Einstellung aller Kampfhandlungen gefordert wurde, konnte man sich mit der Wiedergabe der Erklärungen des damaligen Generalsekretärs der UNO, Dag Hammerskjöld, am leichtesten aus der Affäre ziehen. Es gab also immer wieder diese Widersprüche und Ungereimtheiten. So verschwand auch eines Tages einer unserer forschen jungen Lehrer. Meine Schwester Sigrid hatte ihn als Lehrer. Es wurde allerhand im Dorf gemunkelt. Viel später erfuhr ich, dass er Offizier beim Ministerium für Staatssicherheit (MfS) geworden war. Er brach allerdings mit diesem und setzte sich in den Westen ab. Später wurde er von seinen ehemaligen Kollegen nach Österreich gelockt und von dort über Prag in die DDR verschleppt. Im Geheimprozess zu 15 Jahren Zuchthaus verurteilt, verbrachte er zehn Jahre in strenger Einzelhaft, überlebte mehrere Selbstmordversuche und wurde nach der Wende noch für ein paar Jahre als gebrochener Mann in Eisenhüttenstadt ansässig. Auch der Schwiegervater eines unserer Bekannten verschwand eines Tages. Er war Leiter einer Ziegelei gewesen. Für den Bau der neuen Prachtstraße Ostberlins, damals Stalinallee genannt, waren die Produktionsnormen erhöht worden. Da aber in einer Ziegelei ganz einfach die Kapazität des Brennofens die Produktionsmengen begrenzt, konnten diese nur durch die Verkürzung der Brenndauer gesteigert werden. Das wiederum hat natürlich Konsequenzen für die Qualität. Miese Qualität zu liefern konnte wiederum als Sabotage ausgelegt werden, was mit vielen Jahren Zuchthaus bestraft wurde. Bautzen, so der Ortsname, wo eines der schon früher berüchtigten Zuchthäuser stand (auch das „gelbe Elend" genannt), war uns durchaus ein Begriff. Er war gewissermaßen ein Synonym für eine Drohung, wo man hinkommt, wenn...

Da die Währung der DDR nicht offiziell in andere Währungen umtauschbar war, schon gar nicht in Westmark, wie es damals so hieß, entwickelte sich ein „schwarzer" Umtauschkurs von etwa 1:5 für Einkäufe z.B. in Westberlin. Zur Erinnerung, damals, vor dem Bau der Mauer konnte man mit der S-Bahn durch Berlin fahren und in Westberlin aussteigen. Offiziell hieß es, um Spekulanten im Westen das Handwerk zu legen, oder wenigstens einen einmaligen Schaden zuzufügen, wurden in einer Blitzaktion am 13. Oktober 1957 alle Bargeldbeträge bis zu einer Höhe von 300 Mark in neue Geldscheine umgetauscht. Höhere Beträge, über deren Herkunft man Rechenschaft ablegen musste, wurden bei der Notenbank gutgeschrieben. Der wahre

Grund war aber wohl, die Abschöpfung des Kaufkraftüberhangs durch Verringerung des Geldumlaufs. Meine Eltern hatten da Probleme, weil auch mal Modeschmuck auf nicht offiziellem Weg beschafft und in Bargeschäften gehandelt wurde. Ich erinnere mich an Ketten aus Kunststoffperlen, die aneinander geklipst werden konnten und die es in vielen knalligen Farben gab. Damals eine kleine Sensation. Da war es wichtig, ein paar gute Freunde oder Nachbarn zu haben, auf die man ein paar Mark verteilen konnte.

Neben den auch bei uns jetzt noch üblichen arbeitsfreien kirchlichen Feiertagen gab es als den wichtigsten Feiertag, den Internationalen Kampf- und Feiertag der Werktätigen für Frieden und Sozialismus, den 1. Mai. An diesem Tag wurden alle Häuser mit frisch geschlagenen Birken geschmückt, die dafür angeliefert wurden. Je nach Engagement der Bürger wurden die Häuser noch mit bunten Bändern, Fahnen oder Spruchbänder geschmückt. Die Maidemonstration, ein Umzug durch den Ort, war für Schulkinder praktisch Pflicht. Nach der Anwesenheitskontrolle am Anfang, versuchten wir jedoch bei passender Gelegenheit an einer Abzweigung oder Häuserschlippe möglichst unbemerkt zu verschwinden. Auch durch das Vortäuschen eines offenen Schuhbandes oder irgendeines Verlustes gelang es einem, den Anschluss zu verlieren. Meist wurde das Verschwinden Einzelner einfach übersehen und es kam zu keinen Rügen seitens der Lehrer. Das Foto nach dem Kapitel Junge Pioniere muss im letzten Schuljahr, 1958, entstanden sein. Allerdings sind nur drei Schulkameraden darauf zu sehen. Da ich das Foto gemacht habe, muss ich wohl ähnlich kostümiert dabei gewesen sein. Ich habe jedoch überhaupt keine Erinnerung daran. Im letzten Schuljahr vor der Zulassung zur Oberschule, haben wir uns scheinbar etwas systemkonformer benommen und sogar eine Fahne mitgeschleppt.

Beinahe jeder Tag war ein Ehren- oder Gedenktag für irgendeinen Anlass oder irgendeine gesellschaftliche Gruppe oder Institution. So gab es den Tag des Sieges (also der Kapitulation des Dritten Reiches) am 8. Mai, den Tag der Republik, den Tag, an dem sich 1949 auf dem Gebiet der sowjetischen Besatzungszone (SBZ) die DDR konstituierte. An jedem solcher Gedenktage gab es Anlass für irgendwelche Feiern, wurden Gelöbnisse geleistet, Kampfziele ausgerufen, Verpflichtungserklärungen abgegeben, die dem Sieg des Sozialismus dienen sollten. Am 8. Februar war der Tag des Ministeriums für Staatssicherheit, am 1. März der Tag der Volksarmee, am 8. März der Internationale Frauentag, am 7. April der Weltgesundheitstag, am 23. April der Tag des Buches, am 1. Juni der Internationale Kindertag, am 12. Juni

124

der Tag des Lehrers, am 1. Juli der Tag der Volkspolizei, am 1. September der Weltfriedenstag, am 16. Oktober der Welternährungstag, um nur einige zu nennen. Beinahe jeden Tag gab es also Gelegenheit für irgendeine Propaganda und allein damit konnten ganze Heerscharen von Schreiberlingen und Bürokraten beschäftigt werden.

Nach der Proklamation der „Nationalen Streitkräfte" durch die Volkskammer der DDR 1952 wurde 1956 die Nationale Volksarmee gegründet. Ebenso wie im Westen waren viele Offiziere ehemalige Angehörige der Wehrmacht während der Hitlerzeit. Daneben gab es auch noch eine kasernierte Volkspolizei. Da der kapitalistische Feind überall lauerte, wurde auch in den einzelnen Betrieben aufgerüstet und es wurden so genannte Betriebskampfgruppen gegründet. Sie bestanden aus Angehörigen der Volkseigenen Betriebe (VEB), der Landwirtschaftlichen Produktionsgenossenschaften (LPG) sowie solchen von Hoch- und Fachschulen. Durch sie sollte die Herrschaft des Proletariats in der DDR militärisch manifestiert werden. Der Frieden, von dem ständig gefaselt wurde, musste ja im Zweifelsfall mit der Waffe in der Hand verteidigt werden.

Für uns Jungen war das Schießen generell nicht uninteressant. Schon in den Ferienspielen (eigenes Kapitel dazu folgt) bekamen wir Gelegenheit zum Schießen mit Luftgewehren.

Ältere Jugendliche bekamen in der Gesellschaft für Sport und Technik (GST), die vorgeblich der gemeinschaftlichen Freizeitgestaltung dienen sollte, die Möglichkeit, mit kleinkalibrigen Waffen zu üben oder Motorrad fahren zu lernen. Die Mitgliedschaft in der GST führte eigentlich zu einer Art vormilitärischer Ausbildung. Aber das habe ich selbst nicht mehr erlebt.

Junge Pioniere

Im Organisieren und Indoktrinieren war man gut, man musste manches ja nur aus den Vorbildern des „Tausendjährigen Reiches" übernehmen. So wurden auch die Schulkinder als „Junge Pioniere" organisiert. An einen Ausweis bzw. die Mitgliedskarte kann ich mich nur düster erinnern. Vorn auf der Karte war ein Emblem mit den Buchstaben JP und einer symbolisierten Flamme darüber aufgedruckt. Das eigentliche Symbol der Mitgliedschaft war ein blaues, dreieckiges Halstuch, das über dem (im Idealfall weißen) Hemd oder Pullover, mit einem Knoten vor dem Hals getragen wurde. Das Foto von dem letzten von mir erlebten Umzug zum 1. Mai zeigt es deutlich. Obwohl ich mich nicht erinnern kann, es jemals dort gesehen zu haben, nämlich in der Wäsche, war das eine beliebte Ausrede, wenn das Fehlen des Halstuchs bei einem bestimmten Anlass bemängelt wurde. Die Jungen Pioniere hatten als Organisation den Zweck, schon den Schulkindern den Geist der Revolution beizubringen. Alles was dem (und überhaupt dem Geist der Partei) zuwider lief, wurde folglich als konterrevolutionär bezeichnet. Auch wurde damit die Folgeorganisation, Freie Deutsche Jugend (FDJ), vorbereitet. Ich kann mich nur an ein Pionierlager in Artern erinnern, wo wir nach Jungen und Mädchen getrennt in Zelten übernachteten. Beim Fackelzug und dem Appell mit Fanfarenchor lief es einem schon mal kalt den Rücken runter vor feierlicher Ergriffenheit und Kampfesmut. Aber dann wurden doch nur wieder in jungenhaftem Übermut in der Nacht die Mädchen im Zelt nebenan erschreckt.

Gelegentlich kam auch mal ein Lehrer auf die Idee, uns zu Beginn der Unterrichtsstunde mit dem Gruß der Jungen Pioniere „seid bereit" zu grüßen, und wir legten folglich die Hand an die Stirn und plärrten im Chor zurück „immer bereit". Soviel hatten wir jedenfalls schon gelernt.

Die Organisation der Jungen Pioniere bekam auch noch einen Namen, nämlich den von Ernst Thälmann, und die Kinder wurden auch Thälmann-Pioniere genannt. Thälmann war seit 1928 Vorsitzender der Kommunistischen Partei Deutschlands (KPD) gewesen und wurde schon 1933 von den Nazis eingesperrt. Er wurde im August 1944 von Gestapo-Beamten aus dem Zuchthaus Bautzen in das KZ Buchenwald überführt und dort auf direkten Befehl Hitlers erschossen. Der Name Thälmann wurde auch später in der DDR für jede Art von Propaganda und Indoktrination genutzt. Verwandte aus Dresden (das Elbtal wurde später im DDR-Sprachgebrauch als das Tal der Ahnungslosen bezeichnet, weil es dort keinen Empfang für Westfernsehen gab), hatten, obwohl noch nicht im Rentenalter und natür-

lich ohne Kinder, zum runden Geburtstag meiner Mutter
eine Reiseerlaubnis in den Westen bekommen. Voller Ent-
setzen über das Vorhaben äußerte sich damals (1989) die
ältere Tochter von elf Jahren: „Was, ihr wollt dorthin fahren,
wo der Mörder von Ernst Thälmann noch frei rumläuft?"

Umzug zum 1. Mai mit Jungen Pionieren

Ferienspiele

Auch wenn die Tageszeitung zu Ferienbeginn die Parole ausgab: „Nichts dem Selbstlauf überlassen", war uns das natürlich immer am liebsten. Es wurde uns selten langweilig, was auch für die Feriengestaltung galt. Andererseits bot man mit den so genannten Ferienspielen eine organisierte Gestaltung der Sommerferien an, die auch ein paar interessante Erlebnisse versprach. Da die Ferienspiele in zwei Abschnitte zu je drei Wochen aufgeteilt waren, beteiligte man sich nur an einem Teil und hatte dann noch genügend freie Zeit für den „Selbstlauf".

Die Durchführung oblag den Organen der Volksbildung (wie es so schön hieß) und den Direktoren der Schulen. Auf dem Dorf war das natürlich einfacher organisiert. Es wurde gemeinsam gelesen und gewandert, es wurden Ballspiele gemacht und vor allem das Schießen mit Luftgewehren war bei uns Jungs beliebt. Außerdem gab es auch richtige Ausflüge mit dem Zug in die nach damaligen Vorstellungen weitere Umgebung, wie den Harz, den Thüringer Wald, in die Kyffhäuser- oder Saale-Unstrut-Region, nach Weimar und sogar bis zum Wörlitzer Park in der Nähe von Dessau. Dass wir erst einmal nach Artern zum Zug kommen mussten, zu Fuß durch das Ried wandernd und abends wieder zurück, daran kann ich mich nicht mehr richtig erinnern.

Auch Gespräche mit ehemaligen Schulkameraden haben mir da nicht weiter geholfen. Jedenfalls waren die Busverbindungen nach Artern damals schlecht. Dafür habe ich den Geruch von Schwefelruß, schon auf dem Bahnhof, noch in der Nase. Auch das feine Prickeln im Gesicht, wenn man sich aus dem Fenster lehnte, spüre ich noch förmlich. Es kam von den Ruß-Asche-Partikeln, die der Fahrtwind einem ins Gesicht blies. Diese stammten von der Dampflok, die mit schlechter Braunkohle beheizt wurde.

Bei diesen Ausflügen waren auch meist die Lehrersgattin und einige Angehörige von Schülern dabei, die als zusätzliches Aufsichtspersonal dienten, wie das Foto zeigt. Darauf ist auch Schulfreund Scholli, mit einem Bärenknochen posierend, zu sehen. Vor allem Ausflüge in den Harz, nach Stollberg, sogar auf den Brocken (erst 1961 wurde dieser Grenzsperrgebiet und mit Abhöranlagen der Staatssicherheit - im Volksmund „Stasimoschee"- bebaut), in die Tropfsteinhöhlen von Rübeland, auf den Hexentanzplatz über dem Bodetal, die Rosstrappe oder zu den Feengrotten in Saalfeld im Thüringer Wald, blieben mir im Gedächtnis. In einem der Turmverliese der alten Burgen stapelten sich angeblich Knochenreste von Opfern der Raubritter in einer Höhe von sieben Metern. So habe ich es jedenfalls in Erinnerung. Wir hatten Wanderstöcke, an die bei jedem Ausflug kleine Blechplaketten mit Prägungen der Orte, die man besucht hatte, genagelt wurden. Das gab im Laufe der Jahre, etwa vom zehnten bis zum 13. Lebensjahr, eine stattliche Anzahl.

Ausflug in den Ferienspielen

Zeitungen

Unsere Tageszeitung hatte den Titel **Freiheit,** sie war das Organ der Sozialistischen Einheitspartei (SED) des Bezirks Halle. Ich habe mir den Spaß gemacht, im Jahr 2009 das Archiv in der sich jetzt Mitteldeutsche Zeitung nennenden Lokalredaktion in Sangerhausen aufzusuchen und einige Bände der zu Vierteljahresbündeln zusammengehefteten Zeitungen durchzublättern. Meine Erinnerung an das, was da so geschrieben worden ist, wäre zu lückenhaft gewesen. Ich blätterte vom Sommer 1958 an etwa ein gutes Jahr rückwärts. Ich machte mir Notizen und fotografierte einige Seiten, da das Erstellen von Kopien nicht möglich war. Für den Leser einer ganz anderen Zeit wäre vieles unverständlich und es wäre vor allem uninteressant, längere Leseproben wiederzugeben. Jedenfalls wurde am 30. Juni 1958 auf der Titelseite davon berichtet, dass Walter Ulbricht, dem ersten Sekretär des Zentralkomitees (ZK) der SED und erstem Stellvertreter des Vorsitzenden des Ministerrats der DDR, zum 65. Geburtstag der Ehrentitel „Held der Arbeit" verliehen wurde. Das war natürlich nicht eine Mitteilung von ein paar Zeilen, sondern ein Artikel, der sich über den größten Teil der Titelseite hinzog. An einem anderen Tag wurde auf der Titelseite davon berichtet, dass sich auf dem Pressefest der **Freiheit** 120 000 Besucher zum Kampf für den Sieg des

Sozialismus bekannt haben. Wieder an einem anderen Tag heißt es: „Westdeutschland Hauptaufmarschgebiet der Nato". Ständig war von irgendwelchen Kampfzielen die Rede, ob sie die Produktion, die Planerfüllung oder die angestrebten Prozentsätze von Schulabgängern, die sich für die Teilnahme an der Jugendweihe entschieden haben, betrafen. Es wurde über die Lehren zur Einheit der Arbeiterklasse berichtet und davon, dass die Partei unaufhaltsam vorwärts schreitet. Dass die sozialistische Umgestaltung der Landwirtschaft ideologische Klarheit voraussetzt und die 40., 41. und 42. LPG (Landwirtschaftliche Produktionsgenossenschaft) im Bezirk Halle gegründet wurde. Natürlich wurde auch ständig behauptet, dass die LPG den Einzelbauern überlegen ist. Besonders betroffen hätte uns die Nachricht machen müssen: „Süddeutschland unter Todesstrahlen", wenn wir all den Schwachsinn, der da geschrieben wurde, geglaubt hätten. Denn nach dorthin wollten wir ja demnächst abhauen. Unter dem Titel „Lohn des Verrats" wurde in einem „Originalbericht" vor westdeutschen Flüchtlingslagern gewarnt. Trotzdem entzogen sich bis 1961 jährlich 200 000 bis 350 000 DDR-Bürger den Errungenschaften des Sozialismus. Dass dies nicht nur Hetzpropaganda des Westens war, konnte ja jeder in seiner Nachbarschaft, seinem Wohnort oder in seinem Bekanntenkreis erleben. Der

Widerspruch zwischen dem, was geschrieben wurde und dem, was wirklich los war, war zu deutlich und offensichtlich. Da waren Berichte wie „Die Welt im Banne des Sputniks" oder von der „Internationalen Friedensfahrt Warschau, Berlin, Prag", einem Radrennen in dem der DDR-Champion Täve Schur oft ein wichtige Rolle spielte, schon etwas erträglicher. Dass alles aber immer unter den Mottos Freundschaft, Frieden und Freiheit geschehen musste, ödete schon etwas an.

Neben der **Freiheit** hatten meine Eltern noch die **Wochenpost** abonniert, die über Jahrzehnte die interessanteste und beliebteste Wochenzeitung war, mit einer Auflage von fast 1,2 Millionen Stück. Sie hätte noch höhere Auflagen erzielen können, was aber an der Papierkontigentierung scheiterte. Sie wurde, da manchmal schwer erhältlich, auch unter der Hand weitergegeben. Da wurden nicht ständig irgendwelche Kampfziele runtergebetet und sozialistische Parolen wiedergekaut. Intellektuell war sie sicher zu anspruchsvoll für einen 12- bis 14-Jährigen. Ich erinnere mich aber noch gut an eine spannende Fortsetzungsgeschichte über ein DDR-Schiff und dessen Besatzung, das von Taiwanesen (aus welchen Gründen immer) aufgebracht worden war. Die Mannschaft kam dann aber schon irgendwann wieder zurück in die sozialistische Freiheit.

Radio und Fernsehen

Seit wann genau wir einen Radioapparat besaßen, weiß ich nicht mehr. Aber an das schwarze Gehäuse des so genannten Volksempfängers erinnere ich mich deutlich. Vor allem an das besondere Ereignis, als ich mit einer Fußverletzung (vom Fußball spielen) bandagiert in den beiden zusammen geschobenen großen Sesseln saß und die Übertragung des Fußballweltmeisterschaftsendspiels in Bern, Deutschland gegen Ungarn, verfolgte. Irgendwann danach hatte mein Vater ein neues Radio beschafft, welches auch auf einem der Fotos aus unserem Wohnzimmer mit meinen Eltern zu sehen ist. Mangels guter Antennen war der Empfang auf wenige Sender der Mittelwelle begrenzt. Die vielen, teils exotisch anmutenden Stationen auf der Skala konnten allenfalls zum Träumen dienen. Ein Name hat mich damals stark beeindruckt, nämlich Hilversum. Ein besonderes Ereignis im Familienleben, bei dem das Radio im Mittelpunkt stand, war die Übertragung der 9. Sinfonie von Beethoven am Silvesterabend.

Den ersten Fernseher im Dorf hatten wohl unsere Freunde, die Jedermanns. Das war nach der Fußballweltmeisterschaft 1954. Auf einem winzigen Bildschirm mit einer Diagonale von vielleicht 20 cm konnte man, wenn ich mich richtig erinnere, bei unserm Besuch Kulenkampff auf der Scheibe

136

flimmern sehen. Ein bis zwei Jahre später waren die Bildschirme schon größer und es gab auch in der Nachbarschaft zwei solcher Kisten, vor denen dann am Sonntagnachmittag die Kinder aus der Nähe saßen, um den Grafen von Monte Christo oder Ähnliches anzuschauen. Natürlich in Schwarz-Weiß. Ich war da seltener dabei, denn meine Eltern sahen eine solche Belästigung der Nachbarn nicht gern. Statt der üblichen Propaganda des Ostfernsehens, besonders bekannt war damals der schwarze Kanal des Hetzers Eduard von Schnitzler, sah man lieber Westprogramme. Durch die Ausrichtung der Antennen war das auch von außen eindeutig erkennbar. Die DDR-Oberen nahmen das hin, obwohl man schon die Kinder in der Schule durch die Befragung über das Aussehen des Zifferblattes der Uhr (Punkte oder Striche), in Schwierigkeiten zu bringen versuchte. Es war offenbar, jeder der einen Fernseher hatte, sah Westfernsehen, ausgenommen die Dresdener. Dort im Elbtal gab es dafür keinen Empfang. Deshalb wurde, wie schon erwähnt, die Gegend auch das Tal der Ahnungslosen genannt.

Jetzt wurde es noch schwieriger für die DDR-Oberen. Jeder konnte die Werbung für das Warenangebot im Westen sehen. Parolen in der Tageszeitung wie „Lebensunterhalt in der DDR um 245 Mark billiger, in Westdeutschland um 241 Mark teurer" konnten nicht beeindrucken. Obwohl das vielleicht rein zahlenmäßig gar nicht so falsch war, berücksichtigte diese Information die Tatsache nicht, dass die Löhne im Westen wegen einer gewissen Inflationsrate (die es in der Planwirtschaft so direkt und vor allem offiziell nicht gab) auch stärker stiegen. Jedenfalls merkte auch ein Schulkind, dass an den Zahlen irgendetwas nicht stimmen konnte.

Das Warenangebot für Küche und Keller

Wie schon von meinem Vater bei der Wahl des Ortes während der Aussiedelung vorhergesehen, war die Versorgung mit Grundnahrungsmitteln auf dem Land, noch dazu in einem so fruchtbaren Gebiet, natürlich besser als irgendwo in der Stadt. Nur Berlin, dessen östlicher Teil später Hauptstadt der Republik geworden war, wurde bei der Versorgung bevorzugt. Außerdem gab es bis 1958 Lebensmittelmarken, mit denen man z.B. 1956 auf die Grundkarte (Schwerarbeiter bekamen mehr) 1350g Fleisch, 900g Fett (Öl, Margarine) und 1200g Zucker pro Monat zu einem Preis bekam, der etwa ein Viertel des Preises dieser Lebensmittel in der HO (so hieß die staatliche Handelsorganisation) betrug. Daneben gab es noch Zuteilungen für andere Güter wie Kartoffeln, Brennstoffe (Kohlen) oder Bezugsscheine für Textilien. Ein Vierpfundmischbrot kostete 1,04 Mark, eine Semmel 5 Pfennige. Wir hatten zwei Bäcker am Ort, und ich kann mich nicht erinnern, dass es an Brot gemangelt hätte. Obst, Gemüse und Milchprodukte waren Mangelware. Käse gab es so gut wie gar nicht. Allenfalls mal Harzer Roller, ein Stinkerkäse, der dann, wenn er überreif war, auseinander lief. Vor allem dann, wenn man nicht aufgepasst hatte und Fliegen ihre Eier darin abgelegt hatten, brachten die Maden ihn in Bewegung. Meine Eltern legten Wert darauf, die angebotene Margarine nicht als Brotaufstrich zu verwenden, sondern nur zum Kochen und Backen. Ein Stück Butter (250g) kostete 5,00 Mark in der Verkaufsstelle der HO, war aber Mitte der 50er Jahre meist erhältlich. Eine solche Verkaufsstelle gab es ganz in der Nähe in Schaafsdorf. In der Mitte des Dorfes, an der Ecke zur Kolonie, gab es einen Konsum, ebenfalls ein Laden für Lebensmittel und einige Dinge des täglichen Bedarfs. Die Preise für frei verkäufliche Waren sind gleich gewesen, das Warenangebot unterschied sich aber etwas. So gab es im Konsum gelegentlich auch ein paar Flaschen Rotwein aus Ungarn. Wenn es solche Angebote gab, wurde zugegriffen, um für besondere Anlässe (z.B. die Konfirmation) so etwas im Haus zu haben. Bei Preisvergleichen ist allerdings das Lohn- und Gehaltsniveau der damaligen Zeit zu beachten. Ein durchschnittliches Monatseinkommen einer Arbeiterfamilie lag bei etwa 300,00 Mark. Man musste für ein Stück Butter also etwa zwei Stunden, für ein kg Fleisch etwa 10 Stunden arbeiten. Nicht zuletzt deshalb, es gab außerdem immer wieder Versorgungsengpässe, kam es im Juni 1953 zu Protestaktionen. Außerdem unternahm der Ministerrat 1953 den Versuch, den Kreis der Lebensmittelkartenempfänger einzuschränken. Rund 10 % der Bevölkerung, knapp zwei Millionen Menschen, wurden damals von einer bezahlbaren Mindestversorgung abgeschnit-

140

ten. Zu dieser Personengruppe gehörten Handwerker mit mehr als fünf Mitarbeitern, Händler, Gaststättenbesitzer, freiberufliche Rechtsanwälte, Handelsvertreter privater Unternehmer, im Westen arbeitende DDR-Bürger (Grenzgänger) um nur die Wichtigsten zu nennen. Ob das der einzige Grund war, warum mein Vater auch Uhrarmbänder aus der Produktion eines Volkseigenen Betriebes (VEB) in sein Vertretungsprogramm aufgenommen hatte oder ob er damit auch andere Schikanen vermeiden wollte, weiß ich nicht.

Durch die Tatsache, dass mein Vater regelmäßig auch in Westberlin vorbeikam und die Schmuckwarenabteilungen der Kaufhäuser in Berlin, Leipzig und Halle zu seinem Kundenkreis zählten, konnte er gezielt - oder bei überraschenden Angeboten, was ja typisch für die Planwirtschaft war - das eine oder andere besorgen oder mitbringen. Später, als er ein Auto hatte, konnte das auch mal ein Porzellanwaschbecken sein. Klar mussten wir Kartoffeln, Möhren, Kraut und anderes Gemüse beim Bauern bezahlen, aber wir waren als Käufer gewissermaßen privilegiert. Kartoffeln und Möhren wurden im Herbst „eingekellert", in einer abgetrennten, dunklen Nische unseres Kellers. Auch Kohlköpfe und manches andere Gemüse ließ sich dort eine gewisse Zeit aufbewahren. Spätestens im Frühsommer des nächsten

Jahres war der restliche Kartoffelhaufen jedoch von Keimen überwuchert. Ich kann mich auch an eine Frau erinnern, die jedes Jahr etwa zweimal auftauchte, entweder einen eigenen Garten besaß oder Zugang zu einer Obstquelle hatte, und uns mit der wunderbaren Birne „Gute Luise" und Winteräpfeln versorgte. Die Jedermanns hatten oben am Waldrand eine Obstplantage, die hauptsächlich aus Zwetschgenbäumen und ein paar Kirschbäumen bestand. Wir halfen beim Pflücken und dafür gab es auch noch genügend zum Einkochen bzw. Einmachen, wie man es damals nannte. Im Keller standen jedenfalls im Herbst jede Menge Einmachgläser. Grießbrei oder Milchnudeln mit eingelegtem Obst waren folglich eine beliebte Mahlzeit. Da ich ein schwacher Esser war, wie es damals hieß, gab sich meine Mutter immer Mühe, mir etwas Schmackhaftes zu kochen. Auch gab es ab und zu mal irgendwoher ein Glas Bienenhonig. Den Kunsthonig aus dem HO oder Konsum nahm man eigentlich nur zum Backen. Bis Anfang der fünfziger Jahre wurde auch Rübensirup aus gestoppelten Zuckerrüben selbst hergestellt. Die sorgfältig gewaschenen Rüben wurden geschnitzelt, ausgepresst und der entstandene milchig-graue Saft wurde im Waschkessel unter ständigem Rühren so lange gekocht, bis nur noch ein brauner Sirup übrig blieb. Das war natürlich eine Mordsprozedur, die im Spätherbst bei geöffneten Kellerfenstern, um den Dampf raus zu lassen, stattfand und sich bis weit in die Nacht hinzog. Wir Kinder haben davon nur einen kleinen Teil mitgekriegt. Ich kann mich aber noch gut daran erinnern, dass eine Tasse Sirup zum „Titschen" mit in Streifen geschnittenen Brotscheiben gelegentlich eine Abendmahlzeit darstellte.

Jeden Tag holte ich abends frisch vom Melken bei einer Frau Hagel, einer Kleinbäuerin mit zwei Kühen am Ende unserer Gasse, einen Liter Milch. Daraus wurde auch ab und zu Quark gemacht, denn Milchprodukte gab es so gut wie keine im HO. Für den Liter habe ich immer eine Mark bezahlt, ein stolzer Preis bezogen auf das Einkommensniveau von damals. Wir hatten drei Kannen mit Henkel und Deckel. Die neue aus Aluminium hatte oben den gleichen Durchmesser von etwa 14 cm wie das ganze zylindrische Gefäß. Diese wurde immer zum Milch holen verwendet. Man konnte bei dieser, wenn man die Milch darin über Nacht kühl gestellt stehen ließ, den sich bildenden Rahm an der Oberfläche schön abschöpfen. Die zweite, eine alte, ebenfalls aus Aluminium aber total verbeult, mit einer engen Öffnung oben, wurde für alles Mögliche, z.B. auch zum Beeren sammeln verwendet. Sie verschwand eines Tages und tauchte später wie neu wieder auf. Onkel Sepp, der ja Schlosser war, hatte sich ihrer angenommen. Wie er das fertig gebracht hatte, sie von allen Beulen zu befreien und wieder wie neu zu machen, war eines der Rätsel meiner Kindheit. Die dritte, eine schwarz emaillierte fasste zwei Liter. Mit der schickte uns unser Vater gelegentlich an einem warmen Samstagabend im Sommer ins Wirtshaus nach Heygendorf, um sie mit Bier füllen zu lassen. Bei allen Einsätzen mit Milchkannen konnte man natürlich der Versuchung nicht widerstehen, diese, ohne etwas zu verschütten, im Kreis zu schwenken. Bei der mit der großen Öffnung, vor allem wenn sie randvoll war, und auf dem Fahrrad (beim Bier holen) war das eine echte Herausforderung. Natürlich war da meine große Schwester die Lehrmeisterin.

Am südlichen Ende von Heygendorf, auch Unterdorf genannt, gab es eine Gärtnerei, in der man Gemüse der Saison, Salat und Kräuter kaufen konnte. Die Nichte des Gärtners, Gudrun, war eine Klassenkameradin und wurde in Abwandlung eines Unkrautnamens „Queckrich" genannt. Auch in manchen Privatgärten gab es zu bestimmten Zeiten Überfluss. So konnte man beim Schuster, der hinter seinem Haus Richtung Helme einen großen Garten hatte, im Sommer herrliche Salatköpfe kaufen. Heute kann ich es kaum verstehen, dass wir Kinder grünen Salat nur bestreut mit Zucker aßen.

Auch eine Fleischerei gab es am Ort. Im Rahmen der Mengen, die es auf die Lebensmittelmarken gab (darüber hinaus zu höheren Preisen), konnte man dort durchaus schmackhafte Fleisch- und Wurstwaren erstehen. Thüringen ist ja berühmt dafür. Auch gab es dort Sauerkraut und saure Gurken aus dem Fass. Auf dem Land hat auch manch ein Bewohner, der einen Stall und ein Stückchen Ackerland besaß, ein Schwein gefüttert. Vom jährlichen Schlachtfest der Familie meines Freundes Hammi wird noch separat berichtet. Man kann das Leben von damals nicht mit der Überflussgesellschaft von heute vergleichen, in der es alle Arten von Obst und Gemüse zu jeder Jahreszeit gibt. Aber auch nicht den Appetit und den Genuss, mit dem man im Sommer die erst reife Tomate mit einem Butterbrot verspeiste. Oder ein Stück trockenes Brot mit einem Stück Speck und Senf, wenn man so richtigen Hunger hatte. Damals war es auch üblich, dass Kinder ein frisches Brot, das sie beim Bäcker holen mussten, auf dem Heimweg anknabberten.

Am Sonntag, wenn Vater zu Hause war, gab es meist ein Fleischgericht mit einer Vorsuppe. Das Kochen der Knochen roch nicht gerade gut, aber die daraus entstandene Brühe mit einer Tropfteigeinlage (Ei mit etwas Milch und Mehl wurden zu einem flüssigen Teig vermengt und tropfenweise in die Brühe gerührt) schmeckte gut. Die Soßen wurden natürlich nicht mit Wein und Sahne, sondern je nach Geschmacks- und Farbwunsch aus entsprechend gebräunten Zwiebeln und / oder Mehlschwitze bereitet. Ein beliebtes Gericht war Kartoffelgulasch, wo die Kartoffelstückchen in der mit Mehlschwitze angedickten Zwiebelsoße das Fleisch ersetzten. Nudeln wurden meist selbst gemacht und Reis gab es nur selten. Gekocht wurde auf einem Zweiplatten-Elektrokocher oder auf dem Küchenherd für Holzfeuerung aus einer Nachkriegsproduktion. An diesem ist meine Mutter auf dem Bild Seite 175 zu sehen. Das Backen in dem kleinen Ofen war ein Kunststück, weil kaum eine gleichmäßige Hitze im Backrohr zu erzielen war. Dafür war der Bäcker nicht weit, dort brachte jeder seine Bleche hin. Die einheimischen Bauern hatten große runde Bleche, die auf dem Kopf zu den Regalen des Bäckers transportiert wurden. Nachdem das Brot gebacken war, schob der Bäcker die Bleche in den Ofen, der dafür noch genügend Hitze hatte. Man holte sie sich dann einfach wieder aus den Regalen ab.

Dass es neben den Nahrungsmitteln noch so etwas wie Waren des täglichen Bedarfs oder Haushaltswaren gibt, also Geschirr, Reinigungsmittel, Toilettenartikel, Kleintextilien, Kurzwaren wie Knöpfe und Näh- oder Stopfgarn, hat zumindest uns Kinder weniger interessiert. Toilettenpapier haben wir, wie schon erwähnt, überhaupt nicht gekannt. Ich glaube mich aber zu erinnern, dass wir gelegentlich unsere Zähne mit Salz geputzt haben. Alles, was man so gebraucht hat, wurde halt gekauft, wenn es zufällig angeboten wurde und Geld dafür übrig war. Ein wichtiges Arzneimittel, an das ich mich erinnere war „Karwendolan", schwarze Zugsalbe. Diese wurde häufig gebraucht für die vielen kleinen, gelegentlich schon eitrigen Verletzungen und tiefer sitzenden Schiefer. So Mitte der 50er Jahre wurden mir bei einer der üblichen Erkältungen Brust und Rücken mit einer glitschigen, stark nach Eukalyptus riechenden Masse aus einer größeren Dose (wohl eine Klinikpackung) eingeschmiert. Das wirkte Wunder. Eine der Gröschl-Töchter, die schon im Westen lebte und Krankenschwester war, hatte der Familie eine Dose „Wick Vaporub" geschickt.

Die Planwirtschaft

Da wir im Einflussgebiet der kommunistischen Siegermacht lebten, galt auch deren Wirtschaftssystem als verbindlich. In diesem System ging man von der Annahme aus, dass der Staat (da letztlich wiederum die „Partei") am besten einschätzen kann, welche Güter und Dienstleistungen für die Bevölkerung nötig sind. Deshalb wurden langfristige Pläne erstellt, in denen genau aufgelistet wurde, welche Lebensmittel und sonstige Produkte angebaut bzw. erzeugt werden sollen und welche Dienstleistungen zu erbringen sind. Damals waren es Fünfjahrespläne, die mit viel Tamtam und Propaganda verkündet wurden. Ohne weiter auf einen Vergleich zwischen dem System der Planwirtschaft mit dem der freien Marktwirtschaft einzugehen, gehe ich davon aus, dass inzwischen die Probleme der Planwirtschaft hinlänglich bekannt sind. In meiner Kindheit drehte sich sowohl in der Schule (wir hatten ja ein Fach Gegenwartskunde) als auch in der Tageszeitung sehr viel um den Plan. Ständig wurde davon berichtet, wer dem Plansoll hinterherhinkt (in der Regel die Braunkohleförderung, vor allem im Winter bei Frost) und wer den Plan schon übererfüllt hatte. Beides wurde dann zum Kampfziel erklärt, das Aufholen des Rückstands und die weitere Übererfüllung von Planvorgaben. Natürlich wurde der Plan auch besungen, wie es in einem

148

Pionierlied des Liederbuchs der Thälmann-Pioniere „Seid bereit!" nachzulesen ist:

„Lieber Plan, lieber Plan, was hast du für uns getan?
Schuh und Kleider euch gebracht, schwarze
Brötchen weiß gemacht, das hab ich getan."

„Lieber Plan, lieber Plan, hast du nicht
noch mehr getan?
Überall wohin ihr schaut, Häuser, Schulen
aufgebaut, das hab ich getan."

Zwei Strophen mögen genügen, um zu zeigen, welche Blüten der propagandistische Blödsinn so getrieben hat. Brötchen sahen aus wie schon immer. Schuhe gab es so gut wie keine oder zu sündhaft teuren Preisen. Erst später entstanden die hässlichen Plattenbauten. Da beschrieb ein Liedchen des Volksmunds die Situation schon realistischer, es ging etwa so:

„Tschia, Tschia, Tschia, Tscho
Käse gibt es im HO.
Schlange stehste in der Halle,
doch bis du dran kommst ist der Käse alle."

So etwas wie Bindfaden, der für uns Jungen ganz wichtig war, gab es nicht. Er wurde sorgfältig von den damals verschnürten Paketen aus dem Westen aufgeknotet und aufbewahrt. Klebebänder gab es damals weder da noch dort. Auf einem Ausflug in den Ferienspielen konnte man eine Schar Rentner treffen, ebenfalls auf einem Ausflug, alle mit einem verzinkten Wassereimer in der Hand. Aufgrund eines Planes (oder eines Planungsfehlers) standen irgendwo Wassereimer zum Verkauf. Wenn man einen solchen selbst nicht gebraucht hat, konnte man doch sicher sein, dass ein Bekannter oder Nachbar einen solchen brauchen würde. Er war also ein begehrtes Tauschobjekt. Da damals auf fast allen Gebieten Mangel herrschte, verbesserte so eine Art Tauschwirtschaft die Planwirtschaft. So sind auch alle Waren, die über „Beziehungen" beschafft wurden, gewissermaßen am Plan vorbei zum Bedarf geschleust worden. Die so genannte „Bückware", die vom Verkäufer unter dem Ladentisch aufbewahrt und bei Bedarf (für besondere Kunden) hervor geholt wurde, ist ebenfalls in einer anderen als der geplanten Art in den freien Verkauf gebracht worden. So, wie eben auch der Schwarzmarkt in Notzeiten blüht.

Religion und Sozialismus oder Konfirmation und Jugendweihe

Die Partei, sprich die SED, die gemäß des Refrains im „Lied der Partei" ja immer Recht hatte, versuchte die von Marx und Engels entwickelte Idee vom Kommunismus zu verwirklichen und betrieb vor allem bis 1958 auch eine massive atheistische und antiklerikale Propaganda. Die Religion galt als Macht- und Unterdrückungsinstrument der herrschenden Klasse und wurde als Aberglaube und „Opium fürs Volk" diffamiert. Nach dem, was man im Geschichtsunterricht erzählt bekam und was man im täglichen Leben schon so mitgekriegt hatte, erschien einem das nicht völlig abwegig. Da die herrschende Klasse jetzt aber die Partei war, hätte man sich gar nicht so anzustrengen brauchen. Vor allem, als die ersten Schritte in den Weltraum gelangen, fragte man immer wieder provokativ und eigentlich auch primitiv, wo denn nun der Gott sei. Man ging scheinbar immer noch von einem alten Mann, auf einer Wolke sitzend, aus.

Auf dem Land spürte man das, zumindest bis zu meiner Konfirmation, nicht so stark. Die Gegend, Geburts- und Wirkungsstätte Martin Luthers, war vor allem evangelisch geprägt. Allerdings waren durch den Flüchtlingsstrom aus dem Osten auch viele Katholiken nach Heygendorf gekommen, so auch unsere Mitbewohner, die Familie Gröschl.

Nicht lange nach unserm Einzug in Schaafsdorf zog in den nördlichen Teil der Wohnung über uns ein katholischer Pfarrer mit seiner jungen, feschen Haushälterin ein. Auch meine Eltern und Großeltern waren eigentlich katholisch. Da mein Vater während seiner Lehrzeit eine ganze Weile bei Tante und Onkel, die evangelisch waren, in Gablonz lebte, durch den Aufenthalt in Paris und die Erlebnisse der Kriegs- und Nachkriegszeit waren meine Eltern weltoffener und toleranter geworden. Als ein junger, sympathischer evangelischer Pfarrer nach Heygendorf kam, ließen sie jedenfalls meine Schwester gewähren, die irgendwie in den evangelischen Religionsunterricht gefunden hatte. Meine Schwester führte sogar das Tischgebet bei uns ein und die ganze Familie betete zu Beginn jeden gemeinsamen Mahls brav: „Komm Herr Jesus sei unser Gast und segne, was du uns bescheret hast." Sie wurde konfirmiert und automatisch ging auch ich den Weg in den evangelischen Religionsunterricht. Weihnachten feierten wir mit und in der evangelischen Kirche in Heygendorf. Wenn Jedermann, der schon mehrfach erwähnte Freund der Familie, der auch „Taxiunternehmer" des Ortes war, aus irgendeinem Grund verhindert war, übernahm mein Vater, als wir auch ein Auto hatten, am Sonntag die Fahrt des Pfarrers zum Gottesdienst in einen Nachbarort. Dem Gottesdienst dort blieb er aber, so glaube ich mich zu erinnern, trotzdem fern. Zur Feier der Konfirmation waren an einem Abend, so zeigen es Fotos, Jedermanns und das Pfarrerehepaar bei uns. Ich selbst habe eigentlich keinen Taufschein. Dem Pfarrer genügte die Versicherung meiner Eltern, dass die Taufe damals, 1944, still und heimlich von einem Pfarrer im Entbindungsheim erfolgt sei. Damals war die herrschende Klasse ja auch schon mal atheistisch. Viel später, als es darum ging, meinem Vater ein christliches Begräbnis zu geben, musste ich mit dem örtlichen katholischen Pfarrer in Bayern, der meine Familie als zur Minderheit der Evangelischen gehörend kannte und höchst überrascht war, darüber diskutieren, ob meine Zugehörigkeit zur evangelischen Kirche überhaupt gültig sei.

Obwohl christlicher Glaube und marxistische Weltanschauung in einem unüberbrückbaren Gegensatz stehen (darüber waren und sind sich immerhin beide Seiten einig) wurde damals noch für Kinder unter 14 Jahren Schulraum für den Unterricht zur Verfügung gestellt. Nachdem wir Jungen einmal den Religionsunterricht geschwänzt und wir stattdessen den überraschten Pfarrer und die Mädchen vom Dachstuhl der Jaritz'schen Scheune aus beobachtet hatten, wurden wir sogar getrennt unterrichtet. Wir lernten also die Grundzüge des christlichen Glaubens, viele Kirchenlieder und alle Teile des neuen Testaments. Zur Prüfung, die vor der Gemeinde am Sonntag vor der Konfirmation stattfand, konnten wir diverse Texte auswendig aufsagen. Natürlich auch die zehn Gebote mit den dazu gehörenden Erläuterungen und auch an wen Paulus Briefe geschrieben hat, an die Epheser, die Korinther, die Galater...

Die Konfirmation, sie fand immer am Palmsonntag (dem Sonntag vor Ostern) statt, war bis zu meiner Zeit ein wichtiges Ereignis im Dorfleben. Es wurde gebacken, gekocht und es wurden Verwandte eingeladen. Die Konfirmanden wurden beglückwünscht und beschenkt. Zu mir kamen auch Onkel Sepp und Tante Idl zu Besuch. Das Haus jedes Konfirmanden wurde mit zwei Tannenbäumchen vor der Eingangstür geschmückt und der Weg zum nächsten Konfirmanden wurde mit Tannenreisig bestreut. Ich kann mich zwar daran erinnern, dass uns der Förster Bäumchen zum Abholzen anwies, nicht aber daran, wie wir die nach Hause geschleppt haben. Allerdings kann ich mich auch nicht erinnern, dazu einen Handwagen benutzt zu haben. Komischerweise können sich auch die Schulfreunde von damals daran nicht erinnern. Mancher von diesen musste dann, um überhaupt eine Lehrstelle zu bekommen oder eine weiterführende Schule besuchen zu dürfen, noch irgendwo in einem der Nachbardörfer die so genannte Jugendweihe nachholen.

154

Hammi und ich hatten in dieser Zeit, im letzten Jahr vor der Konfirmation, noch einen speziellen kirchlichen Job. Wir waren Kreuzträger bei Beerdigungen. Mit einem schwarzen Umhang erhielten wir dazu die angemessene Kleidung. So marschierten wir, den gekreuzigten Jesus an einer langen Stange mitführend, hinter dem Pfarrer her. Vom Pfarramt zur Friedhofskapelle und von dort zum Grab. An sieben oder acht Beerdigungen waren wir in diesem Jahr beteiligt. Wir erhielten jeder eine Mark vom Pfarrer dafür. Wenn ein Bauer in seinem Haus aufgebahrt wurde und wir noch die Bahre von der Friedhofskapelle dorthin schaffen mussten, gab es ein extra Trinkgeld. An einem heißen Sommernachmittag, die Sonne brannte auf unsere schwarzen Kittel, fiel ich vor der Friedhofskapelle in Ohnmacht und brachte so die Trauergemeinde in Aufregung. Nach ein paar Minuten im Schatten hinter der Kapelle hatte ich mich aber wieder so weit erholt, dass ich an der Zeremonie bis zum Ende teilnehmen konnte.

Die Jugendweihe hat freireligiöse Wurzeln. Es gab sie vereinzelt schon im 19. Jahrhundert als Feier zur Schulentlassung. In der DDR eingeführt wurde sie nachdem das Politbüro der KPdSU (Kommunistische Partei der Sowjetunion) im Mai 1953 einen Beschluss über „Maßnahmen zur politischen Lage in der DDR" fasste, der auch eine sozialistische

Alternative zur Konfirmation vorsah. Im März 1955 fand die erste Jugendweihe statt und ab 1958 wurde sie praktisch zu einer Zwangsveranstaltung. Jugendliche, die nicht daran teilnahmen, mussten, wie schon erwähnt, schwere Benachteiligungen hinnehmen. Da man in einem Gelöbnis Treue zum Arbeiter- und Bauernstaat, zum Sozialismus und zur Partei schwören musste, wehrten sich die Kirchen zunächst dagegen und forderten entweder – oder. Vom zentralen Ausschuss für Jugendweihe erhielten alle Geweihten das Buch „Weltall, Erde, Mensch" ein Sammelwerk zur Entwicklung von Natur und Gesellschaft. Viele Professoren und NPTs (Nationalpreisträger) werden darin als Mitautoren genannt und im „Geleit" grüßt mit „Freundschaft" der Vorsitzende des Staatsrates der DDR, Walter Ulbricht. Mit der Jugendweihe beginne ein neuer Lebensabschnitt, hieß es dort, nämlich der „Ernst des Lebens". Den habe ich damals dann glücklicherweise woanders kennen gelernt.

Im häuslichen Umfeld beobachtete ich Ernst und Franz (die ja katholisch waren) wie sie, am Bleistift kauend, vor einem Stück Papier am Fenster saßen, um ihr Sündenregister für die Beichte aufzuschreiben. Meine Mutter brachte es fertig (wohl nur aus Gedankenlosigkeit), die Haushälterin des Pfarrers am Aschermittwoch darauf aufmerksam zu machen, dass sie einen Schmutzfleck auf der Stirn habe. Dafür brachte sie eines Tages ein Missionar, der zu Besuch beim Pfarrer war, in Rage. Dieser (wohl vom Pfarrer instruiert) besuchte meine Mutter und versuchte ihr klar zu machen, dass sie vom Teufel besessen sei und nur ein Exorzismus (eine Teufelsaustreibung) ihr helfen könne. Einmal beobachtete ich eine nette Szene. Pfarrer und Haushälterin waren beim Holzsägen und im Hof sprang ein kleiner, etwa vierjähriger Junge, wohl Kind braver Katholiken, der bei Pfarrers zu Besuch war, herum. Er sprach den Pfarrer immer mit Onkel Fritz an, woraufhin ihn die Haushälterin, das Fräulein Anni, korrigierte, indem sie dem Kleinen sagte, er müsse „Onkel Pfarrer" sagen. Schlagfertig erwiderte der Kleine: „Du sagst doch aber auch immer Fritz zum Onkel Pfarrer, Tante Anni". Das Katholische war uns jedenfalls auch nicht so ganz geheuer. Obwohl wir bei Freunden, Nachbarn oder Mitschülern überhaupt nicht beachteten ob sie katholisch oder evangelisch waren, gab es, wie an anderer Stelle gezeigt wird, doch kleine Bosheiten, die bis zu uns Kindern vorgedrungen waren.

Konfirmation mit Jedermanns und Pfarrerehepaar

Konfirmation mit Onkel Sepp und Tante Idl

Fußballspielen

Fußball spielen war auch damals für Jungen eine der beliebtesten Beschäftigungen. Wie ich die Übertragung des Fußballweltmeisterschaftsendspiel erlebt habe, habe ich ja schon berichtet. Auch das Ende meines Plastikballs wurde schon erwähnt. Ein Jahr nach dem auch im anderen Teil Deutschlands frenetisch gefeierten Ereignisses, gab es für mich eine große Sensation. Ich bekam zu Ostern einen richtigen Lederfußball mit Gummiblase zum Aufpumpen samt Pumpe. Es war damals, glaube ich, der erste und einzige Lederfußball im Ort. Fortan war ich, obwohl kein sehr talentierter Fußballer, ein begehrter Mitspieler. Das ging so weit, dass ich Schwierigkeiten hatte, abends nach Hause zu gehen, wenn größere Jungen dabei waren, die noch weiter spielen wollten.

Unten, südlich des Dorfes, gab es einen Fußballplatz. Der war aber wegen seiner tiefen Lage häufig vom Grundwasser feucht oder gar überschwemmt, außerdem meist voller Schaf- oder Kuhscheiße. Auch kümmerte sich natürlich niemand darum, ihn regelmäßig zu mähen. Also suchten wir uns je nach Saison und örtlichen Verhältnissen ein Stück Wiese zum Bolzen. Das brachte uns allerdings auch manchmal in Schwierigkeiten. Einmal kam der LPG-Vorsitzende mit seinem Stellvertreter auf dem Sozius seines Motorrads vorbei. Er war wütend darüber, dass wir sein kostbares Viehfutter zertrampelten. Damals hatte ich schon mein neues Fahrrad, es lag auf der anderen Seite des Wassergrabens am Rand der Wiese. Der LPG-Vorsitzende schrie: „Schnapp dir das neue Fahrrad, das neue Fahrrad" zu seinem Kollegen, der noch etwas beweglicher war als er selbst. Ich war noch nie über diesen Wassergraben gesprungen, aber um den Weg abzukürzen musste ich es tun. Es gelang mir, ebenso wie allen anderen, die Flucht zu ergreifen. Nur Werner Strohbach, genannt „Locki" wegen seiner Haare, wurde erwischt. Allerdings war er derjenige, der wegen eines zu kurzen Beines hinkte und meist nicht aktiv am Fußballspiel teilnahm. Natürlich waren wir im Ort alle persönlich bekannt und besagter LPG-Vorsitzende wohnte schräg gegenüber von uns, außerdem ging seine Tochter mit mir in die Klasse. Er stellte mich abends auf dem Weg zum Milch holen zur Rede und drohte damit, dass wir alle Strafe zahlen müssten. Ich erwiderte nur trotzig, dass wir ja irgendwo spielen müssten, wenn wir keinen Fußballplatz haben. Natürlich kam es nicht zur angedrohten Strafzahlung. Die Fotos unten zeigen die Mannschaft und den Spielort. Später wurde dann ein Fußballplatz östlich der Straße die am Ort vorbeiführte, auf Höhe der Kolonie, angelegt.

Der Ball war schier unverwüstlich und als das erste Mal eine Naht schlapp machte, da wir ja auch vor Sandsteinmauern, bei uns im Hof, an der Kirche und auf sonstigen Sandplätzen oder auf der Straße bolzten, war das kein Problem. Die Blase konnte man rausziehen und der örtliche Sattler flickte die Naht. Durch die äußere Abnutzung des Leders, das man immer wieder mit Lederfett pflegte, wurde er leichter und für uns kleine Jungen eigentlich immer besser.

Meist wurde, wegen der Zahl der Spieler, die selten über zehn Mitspieler hinausging, auf ein Tor gespielt. Wurde ohne Tormann gespielt, war das Tor natürlich kleiner. Als bester Tormann galt Siegfried Schreiber, genannt „Budell". Als Bauernsohn musste er allerdings häufig zu Hause helfen und deshalb war er nicht so oft dabei. Die zwei als am stärksten angesehenen Spieler wählten sich aus der Gruppe nacheinander jeweils eine Mannschaft zusammen. Bei ungerader Zahl bekam die als schwächer angesehene Mannschaft den letzten Mann oder er wurde ins Tor geschickt. Das Tor bestand nur aus zwei Gegenständen, meist abgelegte Klamotten, die die Pfosten andeuteten. Natürlich gab es nach einem Torschuss häufig Diskussionen darüber, ob der Ball überhaupt „drin" war oder nicht doch am Pfosten abgeprallt wäre oder übers Tor gegangen sei. Man spielte, wenn wir nur wenige waren, auch mal jeder gegen jeden. Wenn man nur zu zweit war, schoss man abwechselnd auf das in einem Tor stehende Gegenüber, so wie ich es jetzt auf die alten Tage mit meinem größeren Enkel gelegentlich mache. Man konnte mit geringem Abstand den Ball auch mit dem Kopf Richtung Gegner stoßen. Man spielt dann „Köpfer", ausgesprochen „Göpper". Manchmal bolzte man auch nur so herum, wobei man Fensterscheiben mied, aber den Bruch von Dachziegeln schon in Kauf nahm.

Eine ganze Mannschaft

Beim Spiel

Mein neues Fahrrad

Die Familie besaß ein altes Damenfahrrad und Sigrid später ein neues Mifa-Rad, mit dem sie schon ab und zu mal aus Roßleben, wo sie im Schulinternat lebte, nachmittags schnell nach Hause radelte. Die knapp bemessene Freizeit am Nachmittag reichte bei flotter Fahrt gerade dafür aus, nicht aber für einen Aufenthalt. Sie konnte gerade einmal guten Tag sagen. Mit zwölf Jahren bettelte ich, mit dem Argument, mein ganzes erspartes Geld dafür einzusetzen und den Rest abzustottern, auch um ein neues Fahrrad. Also fuhren wir nach Halle, um ein solches zu kaufen. Leider jedoch vergebens. „Hammer nich" hieß die Standardformel auch sonst oft genug, wenn man etwas kaufen wollte. Also fuhren wir weiter nach Leipzig, allerdings mit dem gleichen Ergebnis. Ich war tief enttäuscht und mein Vater versuchte mich damit zu trösten, dass die Frau Og vielleicht eines habe. Frau Og war die Besitzerin (oder Betreiberin?) des Gasthauses am südlichen Ortseingang. Ihr Haus diente aber auch als eine Art HO-Verkaufsstelle für alle möglichen Gebrauchsartikel, die die staatliche Planwirtschaft ebenso einer Dorfgemeinschaft zubilligte. Auch gab es keinen Verkaufsraum, wo die erhältlichen Waren ausgestellt worden wären. Es war ein geradezu grotesker Versuch eines Trostes, denn wenn mein Vater mit so einer Möglichkeit hätte rechnen können, hätte er sich sicher die Fahrt nach Halle und Leipzig gespart. Wir gingen, von Leipzig kommend, bei Frau Og rein und äußerten unseren Wunsch. „Ja", sagte sie, „so ein Fahrrad habe ich". Wir stiegen auf einen als Lager dienenden Dachboden, und da stand tatsächlich ein grünes Diamant-Fahrrad mit Alu-Felgen, Felgenbremsen, ohne Rücktritt, das schickste Fahrrad, das man sich vorstellen konnte. Es kostete freilich mehr als den Monatslohn eines Facharbeiters, aber das kosten schicke Fahrräder heute auch. Freilich kann man Technik und Qualität dabei nicht vergleichen, es ist aber auch mehr als ein halbes Jahrhundert her. Natürlich hatte es keine Gangschaltung, eine solche ließ ich mir erst nach der Flucht im Westen einbauen, aber das Fahrrad begleitete mich noch viele Jahre. Der stolze Besitzer ist auf einem Foto unten zu erkennen. Bei Gelegenheit erhielt das Rad noch einen kleinen mechanischen Kilometerzähler. Hammi bekam dann natürlich auch ein Fahrrad und so erhöhte sich unser Aktionsradius erheblich. Wir radelten durchs Dorf, durch die Nachbardörfer oder nach Allstedt oder Artern. Wenn man sich im Dorf zufällig auf dem Rad begegnete und die Frage gestellt wurde: „Wo fährst du hin?" und es zur Antwort kam: „Nach Artern", folgte als Nächstes die Frage: „Was willst du dort?" Das konnte dann zur Antwort führen: „Einen neuen Arsch kaufen, der alte hat'n Loch". Auf dem Gepäckträger konnte man wunderbar den Fußball einklemmen und so war man für alle Eventualitäten gerüstet.

Mit meinem neuen Fahrrad

Leben mit meinen Eltern

Als auch Opa gestorben war, er war die letzten beiden Lebensjahre bettlägerig, wurde für meine Mutter manches leichter. Trotzdem war in einem Haushalt damals genug zu tun. Es gab keine Waschmaschine oder andere Geräte wie Kühlschrank, Staubsauger, Mikrowelle usw., die heute die Hausarbeit erleichtern. Auch für die Beschaffung von Lebensmitteln und anderen Dingen des täglichen Bedarfs musste, wie teilweise schon geschildert, viel mehr Zeit aufgewendet werden. Allein das Waschen und die damals üblichen anderen Reinigungsmethoden, denen ich ein eigenes Kapitel widmen möchte, und das Heizen nahmen, im Gegensatz zu heute, richtig viel Zeit in Anspruch.

Beheizbar waren nur die Wohnküche und das Wohnzimmer. In der Wohnküche stand der kleine Herd, wie schon beschrieben, und daneben ein so genannter Allesbrenner, auf dem auch in dem großen Einmachtopf das Badewasser heiß gemacht werden konnte. Für diese Prozedur, die einmal in der Woche in einer Sitzbadewanne aus Zinkblech stattfand, musste tüchtig eingeschürt werden. Natürlich kamen erst die Kinder in das gleiche Badewasser. Nur das Abspülen erfolgte mit dem bereits erwähnten Schöpfer mittels frischen Wassers. Als Brennmaterial diente generell Holz und Braunkohle mieser Qualität. Im Wohnzimmer hatten wir in der ersten Zeit eine ganz besondere Erfindung als Ofen. In einen runden Blechkörper von etwa 60 bis 70 Zentimeter Durchmesser, der als Wärmeabstrahlfläche diente, wurde ein ebenfalls zylindrischer Heizeinsatz aus dickerem Blech von etwa 50 cm Durchmesser gestellt. In diesen wurden draußen im Schuppen rund um einen Pflock Sägespäne gestampft. Diese mussten bei diesem Vorgang auch noch etwas angefeuchtet werden, um nicht zu schnell zu verbrennen. Am Ende dieser Prozedur wurde der Pflock in der Mitte heraus gezogen, der Heizeinsatz über eine Stange, die durch zwei seitliche Griffe gesteckt wurde, zu zweit in den Abstrahlkörper gehoben. Nach Entfernung der Hebehilfe (da konnte schon ein Kind mal kräftig mit anpacken), wurde die Sägemehlfüllung angezündet. Ich nehme an, erinnern kann ich mich nicht mehr genau daran, dass die Brenndauer begrenzt war und mangels Speichermasse der Blechofen abends kalt wurde und bald darauf auch das Zimmer. Da wohl auch die Beschaffung und Einlagerung der Sägespäne nicht einfach war, wurde diese Feuerstätte bei passender Gelegenheit durch einen mit Kacheln verkleideten Allesbrenner ersetzt. Als Sigrid dann in Roßleben und ich mit Mutter die Woche über allein war, wurde das Wohnzimmer nicht mehr jeden Tag beheizt.

Man kann sich sicher vorstellen, dass für einen Büromenschen wie meine Mutter, der Tagesablauf und das Leben auf dieser „Kuhblöke" (so nannte sie Heygendorf) nicht befriedigend war. Mutter, Mutti, wie wir sie damals nannten, war auch keine begeisterte Köchin. Aber Not macht bekanntlich erfinderisch und es wurde immer Wert darauf gelegt, einmal am Tag eine warme Mahlzeit auf den Tisch zu bringen und zwar zu geregelten Zeiten. Sie war es, die immer stärker darauf drängte von dort wegzukommen, am liebsten natürlich in Richtung Westen. Mütter würden heute sagen, sie seien eigentlich Alleinerziehende gewesen.

Vater, Vati, wie wir ihn damals nannten, war durch seine Tätigkeit als reisender Handelsvertreter für Schmuckwaren, meist nur am Wochenende zu Hause. Manchmal, vor allem wenn er Richtung Berlin unterwegs war, blieb er sogar 14 Tage weg. Am Wochenende, es bestand damals eigentlich nur aus dem Sonntag, genoss er das doch relativ gemütliche Zuhause und entwickelt keinen so starken Drang danach, irgendetwas mit der Familie zu unternehmen. Urlaub gab es damals kaum und von der einzigen gemeinsamen Urlaubsreise der Familie an die Ostsee wird in einem eigenen Kapitel berichtet. Als Selbstständiger konnte er sich freilich seine Zeit selbst einteilen und so gönnte er sich auch schon mal ein paar freie Tage.

Mein Vater war eigentlich auch handwerklich geschickt. Als ich so etwa sieben Jahre alt war, baute er mir einmal ein fahrbares Gestell mit Propeller und Gummimotor. In einem etwa 10 mal 40 cm großen Rahmen aus Holzleisten war hinten ein Haken befestigt und vorn, ebenfalls mit einem Haken versehen, kam die Achse des Propellers durch ein kleines Kugellager in der Querstrebe. Das Kugellager befand sich in einer kunstvoll aus Konservendosenblech getriebenen Hülse, die an der Querstrebe über zwei Laschen mit kleinen Nägelchen befestigt war. Ein kleines Bündel aus Gummibändern zwischen den beiden Haken konnte man über den Propeller aufdrehen. Das Gestell hatte hinten in der Mitte einen Drahtstift mit einem Rädchen und vorn einen Drahtbügel mit ausreichender Höhe für den Propeller mit zwei Rädern. Hatte man die Gummibänder ordentlich verdreht, den Gummimotor also aufgeladen, und ließ den Propeller los, schoss das Gefährt, angetrieben durch den Propeller durch die Wohnung. Der Propeller war kunstvoll aus Lindenholz geschnitzt. Später habe ich einmal versucht, selber einen solchen Propeller zu schnitzen. Die ganz gleichmäßige, fein geschwungene Form habe ich aber nicht hingebracht. Das Holz stammte vom örtlichen Tischler, der gleich im Gässchen hinter unserer Wohnung in Heygendorf seine Werkstatt hatte und zu dem man als Nachbar, und auch wegen der schon beschriebenen Fähigkeiten und Möglichkeiten meines Vaters, gute Beziehungen hatte.

Am schönsten waren die gemeinsamen Tagesausflüge zum Holz sammeln im Wald. Mit dem schon beschriebenen großen Handwagen zogen wir frühzeitig los. Einen Holzsammelschein gab es für ein paar Mark beim Förster mit einer Gültigkeit für ein Jahr. Da die Wälder in der Nachkriegszeit von Holzsammlern wie leergefegt waren, musste man sich terminlich an offiziellen Fällaktionen der Forstverwaltung orientieren. Nur dann gab es genügend Astwerk, das für die Holzsammler liegengelassen wurde. Wenn man schon ausgekundschaftet hatte wo es etwas zu holen gab, war es einfacher, als aufs Geratewohl mit dem Handwagen loszuziehen. Mein Vater war aber auch ein guter Kletterer. Mit Hilfe eines Seils, das er über den nächsten stabilen Ast warf, kletterte er auf Bäume, um auch dürre Äste, die weiter oben zu sehen waren, absägen zu können. Man hatte schon den ganzen Tag zu tun, um den Wagen voll zu kriegen. Natürlich hatte man eine Vesper dabei und etwas zu trinken. Wie hat das in der frischen Waldluft geschmeckt! Wenn der Wagen voll war, musste man schon ganz schön ziehen und ich, so gut es ging, schieben. Vater hatte dazu einen Strick mit Schultergurt an der Vorderachse befestigt. Da der Wald deutlich höher lag, als das Dorf unten am Fluss, ging es heimwärts hauptsächlich bergab. Um die steileren Stellen zu bewältigen, wurde eine stabile längere Stange (im Zweifelsfall aus einem Haselnussstrauch oder Ähnlichem frisch geschlagen) unter die Vorderachse geschoben, so dass sie vorne über die Querstrebe der Deichsel ragte. So hatte man durch Anheben der Deichsel unter Ausnutzung der Hebelwirkung eine gut funktionierende Schleifbremse, deren Wirkung man auch gut dosieren konnte. In gleichmäßig abfallendem Gelände durfte ich mich sogar auf den beladenen Wagen setzen. Unten, wo der Weg wieder eben wurde, hatten sich oft durch Regenwasser richtige kleine Schwemmsandflächen gebildet. Beim Aufstieg hatte man die aktuelle Wegbeschaffenheit natürlich schon begutachtet. Man musste also von den letzten Metern mit Gefälle noch genügend Schwung mitnehmen, um durch diese Sandpassage zu kommen. Wehe wenn das nicht gelang. Dann musste man abladen und in Einzelfuhren mit geringer Ladung (oder das Holz über diese Passage schleppend) dieses Hindernis überwinden. Am Ende eines arbeitsreichen Tages konnte das noch mal eine echte Herausforderung sein. Aber man war selten so glücklich wie wenn man eine Holzladung nach Hause gebracht hatte. Unsere Mitbewohner hatten sich eine hydraulische Hebeanlage konstruiert, um mit Seilen und Ketten Wurzelstöcke zu heben. Das war auch ein mühsames

Geschäft. Allerdings gab es Wurzelstöcke von Fichten in Hülle und Fülle, weil nur wenige Holzsammler an diese rangehen konnten. Ernst und Franz mussten dann oft stundenlang ihrem Vater beim Zerteilen der Wurzelstöcke mit einer großen Schrotsäge helfen.

Eine andere Beschäftigung, bei der ich meinem Vater gern half, war das Aufaddieren der Umsätze der einzelnen Aufträge. Manchmal hatte das Vater unterwegs noch nicht oder nicht ganz erledigt und es blieb noch Arbeit fürs Wochenende. Die Stückzahlen der bestellten Artikel mussten mit dem Artikelpreis multipliziert und dann die einzelnen Artikelumsätze pro Seite aufaddiert werden. Bei größeren Aufträgen mussten dann noch die Umsätze der einzelnen Seiten zu einem Gesamtumsatzbetrag aufaddiert werden. Natürlich gab es damals dafür keinen Taschenrechner oder gar einen Computer, der den ganzen Auftrag erfasst hätte. Alles wurde im Kopf oder auf einem Schmierpapier als Zwischenrechnung ausgeführt. Mit etwas Begabung ist bei solcher Übung der Einser im Kopfrechnen natürlich gesichert. Auch die Vorstellung, wie viel da verdient werden wird bei drei Prozent Provision, war reizvoll. Allerdings wurden diese Vorstellungen durch einen Hinweis meines Vaters etwas getrübt. Nicht immer konnten nämlich alle Aufträge wegen Materialengpässen oder anderer Probleme ausgeliefert werden. Bei Silberschmuck mussten die Käufer auch immer Altsilber in Form von alten Münzen oder anderen Silberwaren als Rohmaterial bereitstellen. Da gab es auch ab und zu interessante Dinge zu sehen.

Zwei kulturelle Ereignisse möchte ich noch erwähnen. Einmal sah ich mit meinen Eltern eine Aufführung von Fidelio auf der Freilichtbühne in Thale, ein anderes Mal fuhren wir abends mit einem Bus ins Theater nach Sondershausen. Dort wurde Hamlet gespielt. Die Fechtszenen beeindruckten mich am meisten. Allerdings klirrten die Säbel nicht richtig, sondern klapperten blechern wie billige Theaterrequisiten.

Da meine Eltern selbst genug zu tun hatten, war ich weitgehend frei von jeglichem Überwachungsdruck. Man ließ mich gewähren im Vertrauen darauf, dass ich mich schon vernünftig verhalten werde, was meist auch der Fall war. So lernte ich in viel stärkerem Maße aus der eigenen Erfahrung, nahm die Sache selbst in die Hand, ergriff Initiative. Das war sicher auch für mein späteres Leben hilfreich.

Mutter am Herd

Eltern in der Leseecke

Waschen, bürsten, kehren

Wäsche waschen war eine richtig mühsame Sache. Es gab nicht die Möglichkeit, dreckige Hosen einfach in die Waschmaschine zu schmeißen. Verschmutzungen durch Schlammspritzer, Erde oder Lehm wurden nach sorgfältiger Trocknung, im Zweifelsfall über dem Ofen, durch Ausbürsten beseitigt. Waschen war das letzte Mittel bei Oberbekleidung. So etwas wie chemische Reinigung war völlig unbekannt. Für Fleckenbeseitigung gab es diverse Hausmittel. Auch das Waschen der übrigen Wäsche war mit riesigem Aufwand verbunden. Allgemein war an einem Tag der Woche Waschtag. Der Kessel im Keller wurde angeheizt und eimerweise wurde von der Pumpe her Wasser angeschleppt. Stärker verschmutzte Wäschestücke wie Hemdkrägen (da gab es nicht jeden Tag ein frisches Hemd) wurden mit Kernseife schon am Abend vorher vorbehandelt und eingeweicht. Dann wurde jedes Wäschestück an den stärker verschmutzten Stellen noch einmal mit Kernseife eingeschmiert und in einem Bottich mit Waschlauge auf einem Waschbrett aus gerilltem Holz oder verzinktem Blech gerubbelt. Später hat man solche Bretter zur rhythmischen Musikbegleitung genutzt. Danach kam alles in den großen Waschkessel mit Waschlauge und wurde bis zum Kochen mit einem großen Holzlöffel gerührt bzw. mit einem Stampfer immer wieder

176

nach unten gedrückt. Fast noch anstrengender war das anschließende Spülen und Auswringen, eine schier endlose Prozedur, vor allem auch deshalb, weil ja immer wieder frisches Wasser von der Pumpe herbeigeschafft werden musste. Ich glaube die Waschküche hatte wenigstens ein Becken mit Abfluss nach draußen. Irgendwann gab es dann so eine Art Maschine, in der die Wäschestücke zwischen zwei Gummiwalzen, die über eine Kurbel angetrieben wurden, durchgeleiert und so das Wasser raus gequetscht wurde. An dieser Kurbel durfte man schon mal behilflich sein. Im Sommer, bei schönem Wetter, konnte man die Wäsche wenigstens draußen aufhängen. Im Winter, bei Frost, hing die Wäsche manchmal tagelang steif gefroren am Dachboden. Da wir Kinder meist nicht als große Hilfe angesehen wurden, machte man sich an solchen Tagen am besten aus dem Staub.

Beim Stichwort Staub ist natürlich zu erwähnen, dass es damals keinen Staubsauger gab. Der Teppich aus dem Wohnzimmer wurde ab und zu über die Stange, die das Hoftor in einer Diagonale im rechten Winkel zu Hofmauer hielt, gewuchtet und dort mit dem Teppichklopfer (der bekanntlich auch zur Kinderzüchtigung diente) bearbeitet. Die Stuben wurden mit einem Besen gekehrt und gelegentlich auch mal mit Wasser durchgewischt. Als Handfeger verwendete man einen so genannten Flederwisch, einen von der geschlachteten Ganz abgetrennten Flügel, der mit Knochen und Sehnen getrocknet wurde und dessen Federn etwas zugeschnitten wurden. Man konnte damit eigentlich ganz gut kehren. Da sich die Federn allerdings schnell abnützten, musste ein solcher öfter mal ersetzt werden. Für draußen wurden Besen aus Birkenreisig verwendet. Mit diesen wurde bogenförmig aller Unrat in eine Richtung und dann auf einen Haufen gekehrt. So kann man es auch heute noch gelegentlich bei der Straßenreinigung im öffentlichen Bereich sehen. Reisigbesen zu binden war zwar eine spezielle Handwerkskunst, die aber von vielen Menschen in der ländlichen Bevölkerung beherrscht wurde.

Meine Lederhose

Man kann sich sicher vorstellen, dass das am meisten der Verschmutzung ausgesetzte Kleidungsstück eines Jungen die Hose ist, vor allem in der Jahreszeit, in der er draußen herumtollt. Bei den geschilderten Mühen, die Waschen und Reinigen bereiteten, dazu kommt noch die Verschleißgefahr, ist es naheliegend, dass eine Mutter hier nach Abhilfe trachtet. Also erbettelte sich meine Mutter bei ihrer Schwester, die im Westen, in Kaufbeuren, lebte, für mich eine Lederhose. Schon auf einem frühen Foto mit meinem Freund Hammi bin ich darin zu sehen. Sie wurde natürlich, wie alles damals, ein paar Nummern größer gekauft, damit noch Platz zum Hineinwachsen blieb. Lange Hosen waren früher überhaupt Mangelware. Man lief in kurzen Hosen rum, allerdings mit langen Strümpfen, die von Strapsen, die an einem Leibchen hingen, gehalten wurden. Ganz besonders von Jungen wurden diese langen Strümpfe verabscheut und so versuchte man im Frühjahr, sobald es irgendwie ging, die Erlaubnis zum Tragen von Kniestrümpfen zu bekommen.
Meine Lederhose, eine ganz einfache aus Schweinsleder, war aber gerade deswegen wahnsinnig praktisch. Abgesehen davon, dass man sie nie zu waschen brauchte, konnte man alles irgendwie Schmierige oder Dreckige an den Händen daran abwischen. So bekam sie, besonders an den Ba-

cken des Hinterteils, in kürzester Zeit ein speckiges Aussehen. Ich wurde gelegentlich sogar gefragt, womit ich die Hose einschmiere. Aber es war nichts anderes als meine dreckigen Pfoten, die ich daran abwischte. Man konnte jeden Grashang runterrutschen, auf jedem Baumstamm reiten ohne Angst vor Schmutz oder Verletzung zu haben. Speckig wie sie geworden war, war sie auch fast wasserdicht. Hammi bekam dann auch bald eine, aber eine edle, aus weichem Hirschleder. Sie war schöner, konnte aber nicht annähernd so strapaziert werden. Gelegentlich rieben sich mal Stellen an den Beinen durch das raue und steife Leder etwas wund, aber das gab sich dann auch wieder. Ich muss die Hose so mit sieben oder acht Jahren bekommen haben. Auf dem Foto von unserem ersten Besuch im Westen, da war ich zehn, sieht sie schon richtig schön speckig aus und passt gerade richtig. Sie hatte natürlich auch stabile Hosentaschen und sogar seitlich ein aufgenähtes ledernes Fach, in das man ein Messer reinstecken konnte. Einen solchen „Hirschfänger", ein feststehendes Messer mit Hirschhorngriff und Lederscheide, bekam ich dann beim ersten Besuch im Westen. Ich habe ihn heute noch. Es dauerte lange, bis einer der Knöpfe, sie waren über Lederschlaufen befestigt, erneuert oder eine Naht ausgebessert werden musste. Das war eine Kleinigkeit für den örtlichen Sattler. Die Hose war das Universalkleidungsstück vom zeitigen Frühjahr bis in den späten Herbst und natürlich bin ich um sie viel beneidet worden. Ich habe sie bis zu meinem 15. Lebensjahr getragen, bis ich dann kräftig zu wachsen anfing.

In der Lederhose

... mit 8 Jahren

... mit 10 Jahren   ... und mit 12 Jahren

Kartoffel- und Maikäfer

Es krabbelte allenthalben in Wald und Flur und es gab alle möglichen Käferarten. Aber nur zwei davon hatten in meiner Kindheit eine besondere Bedeutung.

Der Kartoffelkäfer ist eine Art aus der Familie der Blattkäfer. Er ist etwa zehn Millimeter lang, von gelber Farbe und sein Halsschild hat schwarze Punkte. Seine Flügeldecken haben zehn dunkle Längsstreifen. Da er bei Gefahr ein Wehrsekret ausscheiden kann, wird seine auffällige Färbung als Warntracht gedeutet. Der Kartoffelkäfer ist heute weltweit verbreitet und kommt eigentlich aus Amerika. Seine ursprüngliche Nahrung war ein anderes Nachtschattengewächs. Zu dieser Familie gehört auch die Kartoffelpflanze. Er ist ein fürchterlicher Schädling und kann innerhalb kürzester Zeit ganze Felder kahl fressen. Ein Weibchen legt etwa 20 Pakete von Eiern à ca. 50 Stück an den Blattunterseiten der Kartoffelpflanze ab. Aus diesen schlüpfen nach ein paar Tagen rötliche Larven mit schwarzen Punkten am Kopf. Sie wachsen schnell heran und kriechen nach zwei bis vier Wochen in die Erde, wo sie sich zum Kartoffelkäfer verpuppen. Nach etwa einer Woche im Boden befallen sie wieder das Blattwerk der Kartoffeln. So können sogar zwei Käfergenerationen pro Jahr auftreten. Schon vor dem Zweiten Weltkrieg wurden Arbeitslose und Schulkinder durch die Kartoffelfelder geschickt, um die Larven und Käfer von den Kartoffelpflanzen abzulesen. Auch in der DDR vermehrten sie sich sprunghaft, so dass in einem Jahr Höchstpreise gezahlt wurden. Für drei Larven einen Pfennig, genau so viel auch für einen Käfer. In Marmeladengläsern wurden sie gesammelt und zur Aufkaufstelle bei der Gemeinde gebracht. Da sie dort vor der Vernichtung in irgendwelchen Behältern unbeaufsichtigt gelagert wurden, füllten sich besonders pfiffige Burschen ihre Gläser dort erneut, um sie sich ein zweites Mal bezahlen zu lassen. Da die DDR-Führung kaum in der Lage war, der Plage Herr zu werden, wurde sie propagandistisch ausgenützt und es wurde behauptet, sie seien von amerikanischen Flugzeugen (drei Flugkorridore für die Alliierten gingen ja nach Westberlin über DDR-Territorium) gezielt als biologische Waffe zur Sabotage der sozialistischen Landwirtschaft abgeworfen worden. Einer besonders schlauen Frau, die behauptet hatte, sie hätte es selbst gesehen, hatte mein Vater öffentlich widersprochen mit dem Argument, dass es wohl kaum möglich sei, aus kilometerweiter Entfernung Kartoffelkäfer aus einem Flugzeug purzeln zu sehen.

Flugblätter, die solche Propaganda bekämpften und anderer Aufklärung für die DDR-Bürger dienten, konnte man allerdings gelegentlich in den Fluren finden. Sie müssen wohl auf diesem Weg dorthin gekommen sein. Jedes Kind wusste, dass man solche Flugblätter vielleicht liest, aber ja nicht mit sich herumschleppt.

Noch interessanter war der Maikäfer. Ein deutlich größeres Krabbeltier, das schon Wilhelm Busch zum fünften Streich von Max und Moritz angeregt hat: „Die Lausbuben, immer munter, schütteln sie vom Baum herunter. In die Tüte von Papiere sperren sie die Krabbeltiere. Fort damit und in die Ecke unter Onkel Fritzens Decke..." Sie plagten diesen dann in der Nacht eine ganze Weile, bis er sie alle erschlagen hatte und wieder in Ruhe schlafen konnte.

Der Maikäfer gehört zur Familie der Blatthornkäfer mit den typischen fächerartigen Fühlern, die beim Männchen wesentlich stärker ausgeprägt sind. Weibchen legen zehn bis hundert Eier in feuchte Humusböden. Daraus entstehen Engerlinge, fette weiße Raupen, die in einer vierjährigen Metamorphose zu Maikäfern werden. Männchen sterben nach der Begattung, Weibchen nach der Eiablage. In ihrer vier- bis siebenwöchigen Lebensphase können sie allerhand Schaden im Blattwerk von Laubbäumen anrichten. Die ersten Käfer tauchten Ende April, Anfang Mai, durch die Abenddämmerung schwirrend, auf. Wir jagten sie mit Reisigbesen und sammelten die abgestürzten Käfer dann ein. Ein paar Tage später, wenn sich die Population vergrößert hatte, schüttelten wir sie vor allem von den Zwetschgenbäumen entlang der Helme oder indem wir Knüppel in die große Kastanie vor dem Schulhaus warfen. Sie wurden auch in Schachteln mit Luftlöchern und einigen Blättern darin aufbewahrt und es wurde sogar Tauschhandel mit ihnen getrieben. Das Halsschild des Käfers in der Grundfarbe schwarz konnte mit weißen Härchen besetzt sein oder rötlich schimmern. So wurde zwischen Schornsteinfegern, Müllern, Königen oder gar Kaisern unterschieden. Natürlich trieben wir auch Unsinn damit, jedoch nicht so schlimm wie Max und Moritz. Beliebt war es, Mädchen damit zu erschrecken oder sie ihnen heimlich in die Haare oder den Nacken zu stecken. Das gab gewaltiges Geschrei im Schulhof. Gern warfen wir sie auch in die Helme und beobachteten, wie die Fische nach ihnen schnappten. Bei Hammi in den Hühnerhof geworfen lösten sie enormes Gegacker aus, denn sie waren auch als Futter bei den Hühnern sehr beliebt. Wenn aus irgendwelchen Gründen ein Todesurteil an ihnen vollstreckt wurde, geschah dies durch Eindrücken des Kopfes. Man nannte das Maikäfer katholisch machen. Kinder können, wie man weiß, schon grausam sein.

Kletten und Juckpulver

Weitere Wirk- und Kampfstoffe für Schabernack waren die Fruchtstände von Kletten und Wildrosen. Die große Klette ist, wie andere Arten der Gattung, eine zweijährige 80 bis 150 cm hohe Pflanze mit großen Blättern. Sie hat kugelförmige Blütenkörbe mit hakigen Hüllblättern, die vor allem als reife Fruchtstände gut an Kleidern (besonders an Wolle) und Haaren haften. Zur entsprechenden Jahreszeit gab es sie in Hülle und Fülle. Man kann sich gegenseitig damit bewerfen, am liebsten hat man sie allerdings in die Haare von Mädchen geworfen, mit der schon erwähnten Wirkung.

Als Juckpulver werden gemeinhin Stoffe bezeichnet, die auf der Haut von Menschen Juckreiz verursachen. Für uns gab es nur eine Art, die auch leicht zu gewinnen war, nämlich die Kerne von Hagebutten mit ihren feinen Härchen. Hagebutten sind bekanntlich die Früchte von Wildrosen, deren Fruchtfleisch süßsauer schmeckt und reich an Vitaminen ist. Es eignet sich hervorragend zur Herstellung von Marmelade. Hagebutten gab es überall an Wegrainen und vor allem am Waldrand, wo wir auf unseren Exkursionen immer vorbei kamen. Zu der von uns bevorzugten Verwendung benötigten wir allerdings nur die behaarten Kerne, die vorsichtig aus dem Fruchtfleisch gelöst und noch etwas getrocknet wurden. In kleinen aus Papier gefalteten Tütchen konnten

sie aufbewahrt und bei passender Gelegenheit in den Nacken der Opfer (natürlich hauptsächlich wieder Mädchen)
entsorgt werden. Je mehr man reibt und versucht, sie mit
der Hand abzuwischen, desto besser ist ihre Wirkung.

Die Feldarbeit

Während manche Kinder, auch Mädchen, schon mit weniger als zehn Jahren im Haushalt oder auf dem Feld mithelfen mussten oder zu bezahlter Feldarbeit angehalten wurden, musste ich regelrecht betteln, um endlich mal, ich war sicher schon elf, zum Rüben verziehen gehen zu dürfen. Man konnte damit Geld verdienen und da ich immer auf eine Anschaffung gespart habe, wie schon am Beispiel Fahrrad beschrieben, war das begehrt.

Es gab zwei Arten von Rüben, Futterrüben und Zuckerrüben. Futterrüben wurden, wie schon der Name sagt, als Viehfutter verwendet und zum Teil auch draußen auf dem Feld in so genannten Mieten gelagert. Teilweise eingegraben und mit Stroh zum Schutz vor Frost geschützt und abgedeckt, wurden davon größere Haufen angelegt. So konnte man die Rüben auch noch im Winter oder im nächsten Frühjahr als Futter verwenden. Man konnte sie aber auch wie Kürbisse aushöhlen, Fratzen hinein schneiden und mit einer Kerze versehen im Herbst irgendwo als Schreckgespenster aufstellen. Sie eigneten sich jedoch noch für einen ganz besonderen Zweck, der später speziell beschrieben wird. Die Zuckerrüben wurden noch im Spätherbst in der Zuckerfabrik in Artern verarbeitet.

Beide Sorten wurden in Reihen schon maschinell ausgesät. Die Samen sind sehr klein und damals war eine Einbettung des Samenkorns in ein Hüllmaterial, um das Einsäen einzelner Samen zu ermöglichen, noch nicht üblich. So sprossen in einer Reihe eine Vielzahl von Pflänzchen, die alle 25 cm auf ein einziges Pflänzchen vereinzelt werden mussten. Zunächst gingen Frauen mit Hacken durch die Reihen, die die Saat auf einzelne Büschel reduzierten. Geschickte Frauen hinterließen zwei bis drei Pflänzchen pro Büschel, andere bis zu 20. Der nächste Arbeitsgang bestand nun darin, die Büschel von Hand auf eine einzige Pflanze zu reduzieren, also zu verziehen, wie man das nannte. Für diese Arbeit wurden gern Kinder eingesetzt, die sich dazu auf Knien rutschend, zwischen zwei Reihen vorwärts bewegten. Wenn der Boden trocken, hart und krümelig war, konnte das schon unangenehm sein. Man band sich dann irgendwelche Lappen als Knieschützer um die Knie oder ging in eine Art Kriechgang über, was auch mühsam war. Futterrüben sind Flachwurzler und lassen sich leicht verziehen, während Zuckerrüben Tiefwurzler sind, die sich vor allem bei trockenen Böden schwer herausziehen lassen. Das ging dann auf die Finger.

Während bei privaten Bauern jeweils nur einige wenige Kinder neben den Angehörigen des Bauern eingesetzt wurden, bestand bei den größeren Feldern der LPG die Gruppe meist aus mehr als zehn Kindern. Man kann sich vorstellen, dass da immer einiges los war. Der bei der LPG eingesetzte Aufseher genoss auch nicht den Respekt wie ein Bauer und ließ der Kinderschar mehr Freiheiten. Die Rangelei begann schon bei der Vergabe der Reihen. Vor allem die Erfahrenen konnten mit einem Blick in die Reihe feststellen, ob diese dünn bewachsen war. Ob also eine geschickte Frau gehackt, gar ein Regenguss die Reihe verschwemmt hatte oder aus anderen Gründen die Saat ungleichmäßig und dünn aufgegangen war. Da haben die größeren Jungen schon mal die kleineren oder die Mädchen von einer guten Reihe weggeschubst.

Die Aufseher versuchten zwar meist, die Kinder in etwa einer Höhe, also in einer Querreihe zu halten, aber die geschickten und die mit einer leichten Doppelreihe kamen schneller voran und konnten sich dann am Ende des Feldes ein bisschen ausruhen. Es kam aber auch vor, dass man Schwächeren oder Benachteiligten half und schon mal in deren Reihen griff oder gar vom Ende der Reihe her, ihnen hilfreich entgegenarbeitete. Oft blieb die Gruppe jedoch beieinander und vergnügte sich mit irgendwelchen Spielchen oder Gesängen. Freilich wurden da nicht Lieder aus dem Repertoire von Jaritz gesungen, sondern alberne Lieder wie „Ein Bauer wollte Langholz fahren", „Auf der Burg zum

Wendelstein" und andere, manchmal mit politischen An-
spielungen, zu bekannten oder eingängigen Melodien. Ein
Text, der Missstände oder Missgeschicke beschrieb, für die
eigentlich eine „Leitung" verantwortlich war, ging z.B. so:
„Ein alter Mann wollt` sterben,

er hat sich`s überlegt

und hat sich auf die Schienen

der Kleinbahn hingelegt.

Die Kleinbahn hat Verspätung

und 14 Tage drauf,

da findet man den Alten

als Dörrgemüse auf.

Ja da muss doch an der Leitung

Etwas nicht in Ordnung sein,

ja da muss doch an der ..."

In dem Lied von der Burg Wendelstein (eine solche gibt es
tatsächlich an der Unstrut) wurden die Handwerker, die
dort vonnöten waren oder ihr Auskommen fanden, mit zo-
tigen Texten beschrieben. Bei dem Lied vom Bauern, der
Langholz fahren wollte, habe ich mich damals gewundert,
wie ein Affe auf den Bauernhof kommt und was er dort zu
schaffen hat. Erst später ist mir klar geworden, dass es nicht
ein Affe, sondern der Pfaffe war, den der Bauer nach einigen

Verwicklungen in der Kammer angetroffen und mit dem Besenstiel traktiert und vertrieben hat.

Ein beliebtes Spiel war: „Schrapps hat den Hut verloren". Einer war Schrapps und die Kinder wurden durchnummeriert von z.B. eins bis 15. Schrapps fing an und verkündete, dass er seinen Hut verloren habe und ihn nicht wieder finden könne. Er behauptete dann, dass ihn die Nummer X habe. X musste nun antworten, dass sie ihn nicht habe, sondern die Nummer Y oder Schrapps selbst. Das ging solange, bis einer nicht aufgepasst und nicht geantwortet hatte. Irgendjemand aus der Gruppe hatte natürlich immer aufgepasst und für das Missgeschick war ein Pfand (meist ein Kleidungsstück) fällig. Die Pfänder wurden in der Reihe solange mitgeschleppt, bis das lästig wurde oder ein Opfer halbnackt war. Dann kam die Verlosung der Pfänder: „Wem gehört das Pfand in meiner Hand, was soll derjenige tun?" Irgendein Blödsinn fiel der Meute immer ein. Auch wurden gelegentlich gefundene Engerlinge (Maikäferlarven) für den Zweck aufgehoben, um bei dieser Gelegenheit deren Verzehr zu verlangen. Da das keiner freiwillig tat, auch nicht die als Opfer ausgewählten kleinen Mädchen, konnte es zu Rangeleien kommen, so dass der Aufseher eingreifen musste. So lustig ging es nur bei der LPG zu und ich kann mich auch nur an wenige Einsätze bei kleinen Einzelbauern erinnern.

Hammis Mutter war in dieser Zeit Buchhalterin bei der LPG und praktisch rechte Hand des LPG-Vorsitzenden geworden. So wussten wir ganz genau, wann unser Einsatz gefragt war. Man wurde am Nachmittag mit dem Ackerwagen aufs Feld gefahren. Der Einsatz dauerte von ½ zwei Uhr bis ½ sechs Uhr, mit einer Pause von einer Viertelstunde, in der es eine Wurstbemme und eine Flasche Limo gab. Als Lohn gab es 3.50 Mark pro Nachmittag.

Ein weiterer Einsatz war das Kartoffel lesen. Da das Schleppen der Körbe zur jeweiligen Sammelstelle eine ganz schön schwere Arbeit war, sahen meine Eltern diese Art von Beschäftigung nicht gern. 1957 gab es sogar extra eine Woche Ferien für diese Arbeit. Meinen Eltern gelang es jedoch, für mich eine Befreiung von der schweren Tätigkeit zu erlangen. Noch später geerntet wurde der Mais, dessen Anbau damals aufkam. Er wurde, wie so manches, mit viel Propaganda in Szene gesetzt. Man sprach von der „Wurst am Stiel" und es wurde so getan, als würde damit Ackerbau und Viehzucht revolutioniert. Ich erinnere mich aber nur an einen Einsatz, bei dem wir zusammen mit älteren Schülern aus einer Oberschule Maiskolben einsammelten. Als ortskundige Knirpse versuchten wir, uns vor allem bei den Mädchen etwas aufzuspielen. Ähnlich wie bei der Kartoffelernte waren die Sammelkörbe ganz schön schwer. Den Transport überließen wir also lieber den großen Jungen.

Vater schafft sich ein Auto an

Die schon beschriebenen Strapazen, um überhaupt mit den Koffern zum Bahnhof zu kommen, lassen ahnen, wie es weitergegangen ist, bis Vater beim Kunden angekommen war. Im Frühjahr 1955 versuchte er, sich das Reisen leichter zu machen und sicher auch die Zahl der möglichen Kundenbesuche durch einen fahrbaren Untersatz wesentlich zu vergrößern. Da ich mir nicht vorstellen kann, dass er das Geld dafür selber besaß, nehme ich an, dass sein Arbeitgeber, die Firma Strauß in Bad Frankenhausen, behilflich war. Auch das Erlangen des Führerscheins muss ein Abenteuer gewesen sein. So hat damals angeblich nicht einmal die Handbremse funktioniert in dem Auto, in dem die Prüfung abgenommen wurde. Anfahren am Berg ging nicht. Das erste Auto, ein alter Opel P4, hat so viel Sprit geschluckt, dass er gleich wieder verkauft wurde. An einen Pfarrer auch irgendwo auf dem Land. Dann war es wohl Herrn Strauß gelungen, einen neuen oder relativ neuen DKW IFA F8, wie er bis 1955 in der DDR gebaut wurde, zu erstehen. Wir bekamen dann seinen alten DKW Meisterklasse Baujahr 1938, wie aus einer tatsächlich noch vorhandenen Schätzungsurkunde und dem Kaufvertrag vom März 1955 hervorgeht. Der Kaufpreis entsprach offiziell (laut Vertrag) dem der Schätzungsurkunde, nämlich 995,-- Mark. Was tatsächlich gezahlt oder „finanziert" wurde und wie das Auto bei unserer Flucht wieder verkauft wurde, bleibt unklar.

Auf dem Bild mit Franz Gröschl am Steuer in unserem Hof, ist auch das neue Garagentor zu sehen. In unserem Schuppen war genug Platz, nur die Tür war zu klein. Es musste ein richtiges Tor hergestellt werden und vor allem brauchte man einen geeigneten Balken, um das Fachwerk mit dem Mauerwerk darüber abzufangen. Für die Arbeit hatte schon Herr Gröschl seine Hilfe zugesagt. Auch Bauer Kieme, der Hausbesitzer, hatte sein Einverständnis gegeben. In einer Scheune in der Nachbarschaft lag ein geeigneter alter, trockener Holzbalken. Der Eigentümer wollte diesen aber nur gegen Holz ähnlicher Art hergeben, auch wenn dieses noch frisch und nicht entsprechend abgelagert wäre. Da zwischen dem Besitzer des Balkens und Vaters Freund Jedermann ein Verwandtschaftsverhältnis bestand, wie ich erst später erfuhr, kam es zu einem Tauschgeschäft. Vater und Jedermann fällten eines Nachts am Waldrand in der Nähe von Jedermanns Plantage eine Fichte. Man tauschte altes gegen neues Holz. Letzteres verschwand für die nächsten Jahre unter Stroh in der Scheune.

Beim Ausbrechen des Mauerwerks halfen wir Kinder, Ernst, Franz und ich, Herrn Gröschl im Rahmen unserer Kräfte. Das Tor fertigte ebenfalls Herr Gröschl, der das Geschick eines richtigen Schreiners besaß. So bekam unser Schuppen ein Tor und unser Auto eine Garage. Der Dachstuhl der Scheune hatte damals schon das Fach-und Mauerwerk zwischen Schulhof und unserem Hof auf beiden Seiten um mehr als zehn Zentimeter auseinander gedrückt. Es wurde mit einem Stahlseil zusammen gehalten. Man kann den Mut, unter diesen Verhältnissen einen solchen baulichen Eingriff zu wagen, nur bewundern.

Mit der Reiseerleichterung kamen aber neue Sorgen. An dem Auto war ständig etwas kaputt und es stand oft wochenlang in Frankenhausen in der Werkstatt, bis man ein entsprechendes Ersatzteil gefunden oder ein solches aus einem anderen alten Auto einigermaßen gebrauchsfähig wieder hergerichtet hatte. Die Straßen waren damals in einem erbärmlichen Zustand und bestanden oft nur aus Schlaglöchern. Das hätten selbst moderne Autos nicht lange ausgehalten. Autoreifen gab es natürlich auch nicht zu kaufen und so hatten die meisten Reifen gar kein Profil mehr. Man fuhr so lange, bis die Leinwand zu sehen war. Wobei man aufpassen musste, dass die noch heil blieb, denn sonst wäre eine Runderneuerung nicht mehr möglich gewesen. Die Reifen hatten natürlich einen Schlauch, schlauchlose Reifen gab es damals nicht. Einmal war ein solcher Schlauch ausrangiert worden, der auf der Lauffläche fast nur noch aus Flicken bestand. Auf der Innenseite war er aber noch weitestgehend heil. Er war rot und bestand aus wunderbarem, elastischem Naturkautschuk. Man konnte jede Menge Gummistreifen daraus schneiden, die ideal für Steinschleudern waren. Aber auch das ist wieder ein eigenes Kapitel.

Schon bei den eher bescheidenen Steigungen des Harzes oder des Thüringer Waldes war die Kühlung überfordert und der Kühler fing an zu kochen. Einmal stand uns nur eine Zwiebacktüte, die einigermaßen wasserdicht war zur Verfügung, um aus einem Bächlein am Wegrand Wasser zu holen. Das Reisen, das wir Kinder damals als spannend und abenteuerlich empfanden, war im täglichen Broterwerb sicher eher anstrengend und belastend. Ständig musste man mit Überraschungen rechnen und auch immer darauf vorbereitet sein. An eine Geschichte, die Vater auch später noch gelegentlich erzählte, erinnere ich mich gut. Vater war irgendwo im Thüringer Wald unterwegs, als es plötzlich unter seinem Auto klirrte. Er hielt an, ging ein Stück zurück und fand ein flaches Stück Eisen, etwa sechs cm breit und 30 cm lang. Ob er nur drüber gefahren war oder es selbst verloren hatte, war nicht klar. Er nahm das Eisenstück jedenfalls mit und erkundigte sich bei nächster Gelegenheit, ob das von seinem Auto sein könnte. Nein, garantiert nicht, versicherte ihm jemand, aber er könne das Eisen gern dalassen, so etwas könne man immer mal gebrauchen. Vater behielt das Stück jedoch sicherheitshalber. Nach einigen weiteren Kilometern auf der kurvenreichen Strecke hatte er dann das Gefühl, dass zwischen Fahrwerk und Karosserie etwas nicht stimmte. Er kam gerade noch bis zu einer Schlosserwerkstatt, besser einer Schmiede. Der Schmied erkannte das Stück Eisen sofort als ein Teil einer Blattfeder von Vaters Auto, wollte sich aber nicht an die Reparatur machen, da er eigentlich krank war. Erst die als zusätzliche Belohnung angebotene Flasche Kognak bewog den Meister, die Esse anzuheizen und einen neuen Bolzen für den abgerissenen des Federpakets zu schmieden. Mit vereinten Kräften führten sie die Reparatur aus und Vater konnte nach einigen Stunden wieder weiterfahren.

Wenn Vater nach einer beruflichen Reise wieder heil nach Hause gekommen war, stand ihm nicht der Sinn danach, am Sonntag mit der Familie irgendwohin zu kutschieren. So hielt sich die Zahl der gemeinsamen Familienausflüge in Grenzen.

DKW Meisterklasse, Baujahr 1938

20.11.55

Lieber Vati!

Es ist Sonntag und ich will Dir
ein mal ein paar Zeilen schreiben.
Ich hoffe doch, daß Du nächsten
Sonntag wieder zu Hause bist.
Sigrid ist auch dagewesen. Mein
Kampfflugzeug habe ich auch be=
endet. Ich habe den ganzen Nach=
mittag damit zugebracht. Ich
hoffe doch, daß Du viel Erfolg
hast und es Dir gut geht. Das
Kühlerwasser habe ich noch nicht
abgelassen, da es noch nicht
sehr kalt war. Ich wünsche Dir
weiterhin viel Erfolg.

Viele Grüße
Dein Eberhard

Brief an meinen Vater

202

Reise an die Ostsee 1955

Im nördlichen Teil der DDR war eine Verwandte der Familie Strauß, die auch denselben Namen trug, in ähnlicher Art wie Vater als Schmuckwarenvertreterin tätig. Sie lebte mit ihrer Tochter, die zwei Jahre älter war als ich, ihrem Lebensgefährten und dessen Sohn ähnlichen Alters in Anklam, einem Städtchen unweit der Insel Usedom. Man kannte sich und so erhielten wir eines Tages eine Einladung, dort eine Woche wohnen und gemeinsam oder allein Ausflüge ans Meer machen zu können. Ein Jahr später heirateten unsere Gastgeber übrigens im historischen Rathaus von Wernigerrode und wir, meine Eltern als Trauzeugen und ich mit meiner neuen Kamera als Fotograf, waren dabei.

Bei unserer Abreise an die Ostsee mussten wir die Stoßstange unseres Autos auf der einen Seite irgendwie an der Karosserie anbinden aber wir kamen immerhin dort oben an. Es war Sommer, das Wetter war schön und irgendwo in der Wohnung hatte man auch eine Schlafgelegenheit für uns bereitet. Erinnern kann ich mich daran nicht mehr, andere Eindrücke haben da scheinbar überwogen. Wir fuhren jeden Tag durch den Ostteil der Insel Usedom an den Strand westlich der polnischen Grenze, zwischen dieser und Ahlbeck. Auch in dieses Städtchen und nach Heringsdorf sowie Bansin ging es mal. Dort gab es auch Strandkörbe. Reihenweise

Sonnenschirme, wie ich es später mit meiner Familie in Italien erlebte, gab es damals aber nicht. Da, wo wir immer hinfuhren, waren riesige breite Sandstrände, kaum Touristen und zum Land hin bewaldete Dünen. Zwischen denen mehr oder weniger wild einige Camper hausten. Dort ließen wir immer unser Auto stehen und gingen die paar Meter zum Strand, wo wir unsere Decke ausbreiteten. Ob meine Eltern, die eher prüde waren, das vorher gewusst haben, weiß ich nicht; meine Schwester und ich waren jedoch überrascht, dass dort hauptsächlich Nudisten unterwegs waren. Aber ein paar Leute mit Badekleidung fielen auch nicht weiter auf. Da und dort spielten Grüppchen Völker- oder Volleyball und die hüpfenden, sonst bedeckten Körperteile waren schon irgendwie lustig anzusehen. Einmal hatte sich ein kleiner Junge verirrt und war bei uns gelandet. Also schwärmten unsere Eltern aus, um die Angehörigen des Kleinen zu suchen. Sie gingen, wie immer leicht oder mit Badegewand bekleidet bis in die Nudistencamps, aber auch daran störte sich niemand. Die Suche war erfolglos und später übergaben wir den Kleinen einem berittenen Polizisten, der gelegentlich am Strand entlang patrouillierte. Es waren wunderbare, unbeschwerte Tage und das Plantschen und Schwimmen im Meer genossen wir sehr.

Viel Spaß hatten wir auch mit dem Langhaardackel unserer Gastgeber und dieser mit uns. Unermüdlich ließ er sich von uns hetzen und selbst zu viert gelang es uns selten, seiner habhaft zu werden. Immer wieder schlug er einen Haken und selbst Versuche ihn im Hechtsprung zu erwischen, scheiterten regelmäßig. Hechelnd wartete er ein paar Meter weiter auf unsere erneuten Versuche, ihn zu erwischen.

Froh und munter kamen wir nach einer Woche, wie immer im Auto Lieder trällernd, wieder nach Hause.

Familie an der Ostsee 1955

Baden in der Helme und anderswo

In der Erinnerung kommen mir die damaligen Sommer länger und wärmer vor, obwohl man heute so viel von der Klimaerwärmung spricht. Tatsache ist allerdings, dass die Goldene Aue eine der niederschlagsärmsten Gegenden Deutschlands ist. Lediglich ca. 450 mm Niederschlag gibt es dort pro Jahr. Auch spielt sicher die Höhenlage von nur 120 m über dem Meeresspiegel eine Rolle. Jedenfalls hatten die Birken am ersten Mai immer schon große Blätter und die Bäder wurden an diesem Tag geöffnet. Das nächste Schwimmbad gab es, wie früher schon erwähnt, in Allstedt. Die Wasserqualität war dort aber nur kurze Zeit gut. In Sangerhausen gab es auch ein Schwimmbad mit 3 und 5 Meter Sprungturm. Aber dorthin waren die Verkehrsbedingungen schlecht, so dass man da seltener hinkam. Bad Frankenhausen war ein bekanntes Solebad und hatte sogar einen 10 Meter Sprungturm. Ich bin da nie runter gesprungen, meine Schwester selbstverständlich. Um die Eisenbahn zu benutzen, musste man immer erst nach Artern, das war kompliziert. Mit dem Fahrrad brauchte man jedoch mehr als eineinhalb Stunden für eine Strecke. Aber da Vaters Arbeitgeber in Bad Frankenhausen ansässig war, war man ehesten nach dorthin orientiert. Sigrid war häufiger bei der Familie Strauß zu Gast, weil Bärbel, die Ältere der zwei Töchter, genau gleichaltrig war und die Familie am Stadtrand in einem schönen Haus mit großem Garten wohnte.

Als erste Wahl für ein Badevergnügen kam also nur unser Flüsschen, die Helme, in Frage. Dort lernte ich, natürlich unter Anleitung meiner größeren Schwester, das Schwimmen. Es gab zwei Badeplätze, einen oben bei uns in Schaafsdorf und einen weiter südlich auf der Höhe von Heygendorf. Unsere Eltern sahen es eigentlich nicht gern, wenn wir in der Helme badeten, denn in das Flüsschen wurden in den Dörfern flussaufwärts alle möglichen Abwässer eingeleitet und auch in Heygendorf gab es so eine Art Dorfentwässerung in Richtung Helme. Aber nachdem längere Zeit keine Krankheiten aufgetreten waren, für die man das Baden in der Helme hätte verantwortlich machen können, war es üblich, dort im Sommer zu baden. Ab und zu kam schon mal ein totes Huhn oder ein anderer Tierkadaver angeschwommen. Bei einem entsprechenden Alarmruf verließen alle die Helme und warteten ein Weilchen, bis der Badebetrieb wieder weiter ging.

Etwas nördlich vom Schaafsdorfer Badeplatz konnte man als Kind stehen, das Wasser ging bei üblichem Wasserstand höchstens bis zur Brust. In Richtung zum östlichen Ufer wurde es etwas tiefer, so dass man schwimmen musste. Irgendwann hatte dort jemand über den Pfählen, die ein Ausschwemmen des Ufers verhindern sollten, sogar ein Sprungbrett gebaut. Als Schwimmhilfe diente damals ein Fahrradschlauch, der gekreuzt um Brust und Nacken geschlungen wurde. Unter den Armen störte der Schlauch bei Schwimmbewegungen schon etwas und auch das Ventil war lästig. Meist fing man mit dem Hundepaddeln an, wie auch heute noch. Die Strömung trieb einen auch flussabwärts in flacheres Gewässer. Ungefähr 50 m vor der Brücke wurde es so flach, das man kaum mehr schwimmen konnte. Man schwamm also bis zur Sandbank, so nannten wir die Stelle, und ging dann am Ufer wieder zurück. Gegen die Strömung zu schwimmen war zu mühsam. In Heygendorf war der tiefe Bereich länger und man konnte da sogar auf eine Esche klettern, um von dort ins Wasser zu springen. Einmal waren die Strauß-Mädels im Sommer ein paar Tage bei uns und Katja, die eine sehr gute Schwimmerin war, lieferte sich mit einem größeren Jungen einen Wettkampf. Was dieser auf dem Landweg zurück und beim Hochklettern auf den Baum gewann, verlor er auf der Schwimmstrecke bis zu der Stelle, wo man ans Ufer klettern konnte. Das ging eine ganze Weile so unter dem Gejohle und den Anfeuerungen der Kinder. Dort hoben wir auch fast jedes Jahr eine badewannenartige Vertiefung im Lehmboden des Ufers aus, die wir eimerweise mit Wasser füllten um Schlammbäder zu nehmen oder um sich mit Schlamm einzuschmieren und diesen trocknen zu lassen, bis er wieder abbröckelte. Vor dem Heimgehen musste man sich freilich einer gründlichen Reinigung in der Helme unterziehen. Die vielen Gänse sorgten entlang der Helme stets für einen kurz gezupften Rasenteppich, nur deren Hinterlassenschaft war etwas lästig. Einmal ging ich mit Sigrid nach einem heftigen Gewitter zur Helme. Es war deutlich mehr Wasser als sonst im Flussbett. Die Brühe war lehmbraun von den ausgewaschenen Böschungen, was uns aber nicht hinderte, hinein zu springen. Zum Glück fing es noch einmal an, ein bisschen zu regnen und so konnten wir uns auf dem Heimweg unter einer defekten Dachrinne in der Nachbarschaft duschen.

In einem heißen Sommer war der Wasserstand so niedrig, dass es gar keinen Spaß mehr machte, in der Helme zu baden. Meine Klassenkameraden und ich waren damals so zehn oder elf Jahre alt und es waren noch mehrere größere Jungen mit an der Helme. Man beschloss, für Abhilfe zu sorgen und unter der Brücke, die etwa 200 m flussabwärts über die Helme führte, einen Damm zu bauen. Hier war die Helme ziemlich flach und es gab auch eine Menge Steine. Unter der Regie der Großen begann die Meute von Jungen mit den Steinen aus dem Flussbett einen Damm zu bauen. Wir Kleineren waren dafür zuständig, mit Astwerk von Büschen und Gras, am besten noch mit Wurzelballen aus dem Ried, am Damm Lücken zu stopfen und das Bauwerk dicht zu machen. An vielen Stellen gingen zwar noch Rinnsale durch die Staumauer, aber der Effekt war unübersehbar. Unermüdlich schafften wir stundenlang bis jemand schrie: „Der Müller, der Müller kommt". Tatsächlich kam ein Mann mit dem Fahrrad von Süden her auf dem Helmedamm angefahren. Es war der Müller aus Kalbsrieth, dem Örtchen zwei Kilometer südlicher, hinter dem die Helme in die Unstrut mündet. Der ohnehin niedrige Wasserstand war so weit gesunken, dass nichts mehr ging in der Mühle. Er hatte sich offensichtlich auf den Weg gemacht, um zu schauen was da flussaufwärts los war. Wir verschwanden alle hinter dem Helmedamm auf der anderen Seite und beobachteten vorsichtig was weiter geschah. Unser Bauwerk war vom Helmedamm aus schon aus einiger Entfernung zu erkennen und so machte sich der Müller allein ans Werk, um in der Mitte eine Lücke in den Damm zu reißen. Nach einer halben Stunde strömte das Wasser in einer Kaskade durch die Lücke und er machte sich auf den Heimweg. Sofort begannen wir mit der Reparatur und, da wir ja mehr als zehn waren, hatten wir in derselben Zeit unser Bauwerk wieder instand gesetzt. Am nächsten Tag hatte der Wasserstand die Dammkrone erreicht und so floss dort und über die undichten Stellen die ganze Wassermenge, die das Flüsschen lieferte, wieder weiter. Der Müller kam jedenfalls nicht wieder. Wir waren stolz auf unsere gewaltige Leistung. Immerhin hatten wir für eine ganze Weile den Wasserstand am Badeplatz um mindestens 30 Zentimeter erhöht. Im Laufe der Zeit war uns allerdings die Instandhaltung des Bauwerks zu mühsam und es verfiel allmählich wieder.

Unten in Heygendorf kam es in einem solchen Sommer zu der erwähnten erneuten Begegnung mit Stenzel Paul. Auf der westlichen Seite der Helme weideten manchmal die jungen Pferde des Dorfes. Wir Jungen hatten natürlich Spaß daran, diese anzulocken und nahmen auch mal ein paar Stückchen Zucker mit. Wir versuchten dann, auf die jungen Pferde aufzuspringen und auf ihnen zu reiten. Das mochten die aber gar nicht und galoppierten sofort los. Schon nach wenigen Metern flogen wir in hohem Bogen ins Gras. Da der Boden dort häufig feucht war, dafür aber auch weich, sahen wir in kürzester Zeit entsprechend aus. Man konnte das also am ehesten in Badehosen machen, um sich dann in der Helme wieder zu säubern. Einmal hatten wir nicht gleich bemerkt, dass ein Hüter, nämlich Stenzel Paul, in der Nähe war. Dieser verfolgte uns schimpfend mit seiner Peitsche und wir mussten in die Helme flüchten. Da wagte er sich nicht hinein.

Ich kann mich nur an ein Jahr erinnern, in dem es auch im Sommer ein Hochwasser gab. Der Wasserstand war mehr als zwei Meter höher als normal und das ganze Hochwasserbett zwischen den Dämmen war überflutet. Nur die Brücke mit dem Geländer ragte aus den Fluten und nur die Mutigsten wagten sich in den Strom. Zu diesen gehörte natürlich meine Schwester. Sie sprang vom Brückengeländer in den Fluss und ließ sich schwimmend von der Strömung an den Damm treiben. Natürlich hatten unsere Eltern das Baden in der starken Strömung verboten. Nach dem Rückgang des Wassers stank es fürchterlich von den abertausenden toten Regenwürmern und was sonst noch verweste im Hochwasserbett, so dass wir die Gegend wochenlang mieden.

Angeln

Es ist naheliegend, dass es in einem Fluss, oder Flüsschen, wie ich die Helme schon verschiedentlich genannt habe, auch Fische gibt. Irgendwo habe ich sogar gelesen, dass die Helme wegen ihrer niedrigen Fließgeschwindigkeit als fischreich galt. Wie das in der Zeit nach unserem Weggang war, in der die Helme die sie begleitenden Bäume und den natürlichen Uferbewuchs verloren hatte und nur noch als Abwasserkanal für den Bergbau und die Industrie weiter nördlich diente, weiß ich nicht. In meiner Kindheit gab es jedenfalls Angler und jetzt gibt es sogar einen entsprechenden Verein.

Als Kind schaut man erst einmal zu, was die Männer da so machen. An einer ruhigen Stelle im Ufergebüsch sitzen und die an einer Angelrute befindliche Schnur mit Schwimmer und Wurm am Haken ins Wasser werfen und dann warten, bis einer anbeißt. Oder an einer längeren Schnur einen fischförmigen Körper, genannt Blinker, durchs Wasser ziehen und hoffen, dass ein Raubfisch, z. B. ein Hecht, nach dem vermeintlichen kleinen Fisch schnappt. Das ist schon interessanter. Jedenfalls bekommt man auch Informationen darüber, wo erfahrene Angler Fische vermuten. Der Nachahmungstrieb und das gegenseitige Anstacheln bei der Verfolgung irgendwelcher Ideen, Aktivitäten und natürlich oft auch Dummheiten unter uns Jungen, hatte logischerweise zur Folge, dass wir das auch mal selber probieren wollten. Einige wenige gingen das etwas professioneller an, denn in Artern konnte man tatsächlich Angelzubehör und wohl auch Angeln kaufen.

Die, die das weniger ernsthaft betrieben, bastelten sich eine Angel selbst. Freilich braucht man wenigstens eine Schnur (die gab es in verschiedenen Stärken) und Haken. Aber schon den Schwimmer und das Bleigewicht, damit der richtig steht, konnte man selber herstellen. Ein Korken wurde durchbohrt und dort die Schnur durchgezogen. Durch ein Stück Federkiel, zusätzlich in das Loch geschoben, wurde die Schnur eingeklemmt. Die Länge bis zum Haken blieb aber verstellbar. Ein Stückchen Blei zwischen Haken und Korken an die Schnur geklemmt, hielt den Korken mit dem Federkiel schön aufrecht. Oben rot angestrichen ergab des einen gut sichtbaren Signalkörper, einen so genannten Schwimmer. Bei Anbeißen eines Fisches tauchte er ins Wasser ein. Das Blei stammte von einem alten Bleirohr, das noch an einer Stelle aus der Wand unseres Wohnhauses ragte. Die Rute bestand aus einem schönen Haselnussschössling, den man sich im Herbst irgendwo im Wald an einem Haselnussbusch abgeschnitten hatte. Dieser wurde geschält und mit einem Backstein als Gewicht, so dass er schön gerade blieb, den Winter über im Schuppen zum Trocknen aufgehängt. Die getrocknete Rute bekam ein paar Laufringe aus Draht und ca. 20 cm vom unteren Ende entfernt zwei Nägel im Abstand von zehn cm, über die man die Schnur in Form einer Acht (dadurch vermeidet man das Verdrillen der Schnur) aufwickelte. Ich bin über diese Art der Schnurbefestigung nicht hinausgekommen und habe mir nicht den Luxus einer richtigen Rolle, die es damals auch schon zu kaufen gab, gegönnt. Eigentlich hätte man sich so etwas wie einen Angelschein, eine offizielle Erlaubnis zum Angeln, beschaffen müssen. Aber darauf verzichteten wir damals. Wenn wir jemanden sichteten, der den Eindruck eines richtigen Anglers machte, versteckten wir unser Handwerkszeug in einem Busch und machten uns so unauffällig wie möglich davon. Es konnte auch mal vorkommen, dass wir die Angel über die Helme warfen und ihr mit den Klamotten über den Kopf durch das Wasser folgend, uns auf der anderen Seite in Sicherheit brachten.

Als Köder wurden Teile von kleinen Regenwürmern auf den Haken gezogen oder Sprock, die gelbliche, zwei bis drei cm lange Larve der Köcherfliege. Die Köcher, in denen sie heranwuchsen, fand man unter Steinen in Wassergräben. Sprock galt als besonders beliebt bei Fischen. Auch Teig nach allen möglichen Rezepten wurde verwendet. Bei diesem bestand aber die Gefahr, dass er sich von allein vom Haken löste oder abgelutscht wurde, ohne dass der Fisch richtig anbiss. Wir beschränkten uns auf das Angeln von Friedfischen. In der Küchen- und Anglersprache Weißfische genannte silbrig-weiß gefärbte Arten von Karpfenfischen. Die mit roten Flossen nannte man Rotfedern. Auch die Namen Rotauge oder, für größere, Döbel sind mir in Erinnerung. Letztere angelte man mit Kirschen als Köder „auf Grund". Man ging dieser Beschäftigung meist zu zweit nach. Aber auch allein machte es Spaß. Wenn nach einem Fang erst einmal der Jagdinstinkt geweckt war, wurde es richtig aufregend. Einmal brachte ich sechs Fische, allerdings eher kleine, von denen ein richtiger Angler einige vielleicht wieder ins Wasser geworfen hätte, nach Hause. Da ich selber kein Fischesser war, möglicherweise eine Folge des Einflößens von Lebertran in den ersten Nachkriegsjahren, und Vater oft längere Zeit nicht nach Hause kam, wurde der Fang gelegentlich an Nachbarn weitergegeben. Die Lehrersgattin von nebenan, die als gute Hauswirtschaftlerin und Köchin galt, wusste auch, dass man durch Marinieren den Kalk in den Gräten auflösen kann, diese dann weicher werden und kaum mehr zu spüren sind. Das Foto auf Seite 218 zeigt mich mit Angel und meinem größten Fang.

Einmal war ich auch an einer Missetat beteiligt, vom generellen Schwarzangeln mal abgesehen. Die Namen des Anführers und des anderen Beteiligten will ich hier verschweigen. Natürlich beobachtete man den Fluss selber, verfolgte aber auch die Gerüchte, wo angeblich ein Hecht „stehe". So einen Raubfisch zu fangen, übte auch auf uns Jungen einen besonderen Reiz aus. Eine Möglichkeit, die allerdings verboten war, war das Legen einer so genannten Nachtschnur. Ein lebender Gründling wurde als Köder mit einem Zwillingshaken bestückt und an einer auf eine Zwille gewickelten Schnur befestigt. Den Gründling ließ man ins Wasser und beim Anbeißen konnte der Hecht, auf einen solchen hatten wir es abgesehen, erst einmal ein Stück Schur von der Zwille abziehen und den Köderfisch mit dem Haken verschlingen, so dass der Haken entsprechend tiefer und sicherer saß. Am nächsten Morgen entdeckten wir tatsächlich, dass die Schnur abgezogen war und beim Ziehen an dieser, fing der Hecht gleich an zu toben. Es dauerte eine ganze Weile, bis wir zu dritt das Prachtexemplar, die scharfen Zahnreihen meidend, so weit an Land und in einer Position hatten, dass einer ihm das Messer in den Nacken rammen konnte. Für den Anführer der Aktion blieb jetzt das Problem, wie bringt man den Fang durchs Dorf nach Hause. Eingehüllt in abgerupftes Gras und eingewickelt in unsere Badehosen wurde es versucht. Trotzdem breitete sich danach im Dorf die Drohung aus, dass man den Burschen schon das Handwerk legen werde.

Mit Fisch an der Angel

Buden bauen

Buden bauen war vor allem eine Herbstaktivität. In einem Frühjahr kam zwar auch einmal die Idee auf, ein gutes Budenversteck zu suchen, das schon im unbelaubten Zustand der Bäume gute Tarnung bieten würde, und dann nach dem Austreiben der Blätter völlig unsichtbar wäre. Aber im Frühjahr war der Boden meist nass und vor allem kalt. Im Herbst dagegen war der Boden noch warm und das Laub war zum Auspolstern der Minibehausungen und zum Abdecken der Hüttchen gut zu gebrauchen. Als der beste Platz für unsere Buden stellte sich ein Waldstück von Jungeichen, nicht weit vom Rand des großen Waldgebiets östlich oberhalb des Dorfes, heraus. Die jungen Eichen waren auch noch weiter unten belaubt, behielten einen Teil des Laubes über den Winter und boten neben guter Tarnung auch einen schönen weichen, warmen Waldboden. Freilich konnte man vom Dorf aus sehen, in welche Richtung wir gingen, aber der obere Teil des Weges war von unten nicht mehr einsehbar und der Wald war doch ganz schön groß. Da es auch andere Gruppen von größeren oder kleineren Jungen gab, war eine gewisse Rivalität stets an der Tagesordnung. Es gab immer einen großen Drang rauszukriegen, wo andere ihre Verstecke angelegt hatten.

Wenn wir in einer größeren Gruppe (mindestens vier Mann) unterwegs waren, baute sich jeder seine eigene Bude, es wurde gewissermaßen ein kleines Dorf angelegt. War man mit der eigenen Hütte fertig, kam man auf die Idee, die einzelnen Hütten mit Gängen zu verbinden. Für die klassische Bauart der Hütten wurden Pflöcke, knapp einen Meter hoch, die aus Haselnusssträuchern oder anderen jungen Bäumchen geschlagen wurden, kreisrund in den Boden gerammt. Um diese Pflöcke wurde in mindestens drei Reihen waagrecht ein Flechtwerk aus dünnen Haselnussruten angebracht. Zwischen diesem wiederum wurde senkrecht ein dichtes Geflecht aus Besenginster und anderen Zweigen hergestellt, so dass richtig dichte Wände entstanden. Abgedeckt wurde das „Mauerwerk" mit einigen längeren Stangen, Zweigen und Laub in mehreren Schichten. Besenginster wuchs an verschiedenen Stellen am Waldrand und dort waren auch Suhlen von Wildschweinen, die wir allerdings selten zu Gesicht bekamen. Vom Hörensagen wusste man um die Gefährlichkeit von Ebern. Man malte sich auch gelegentlich aus, wie man einem solchen mit dem Hackebeil entgegentreten oder die Flucht auf den nächsten Baum ergreifen würde. Zu einer solchen Begegnung ist es glücklicherweise nie gekommen.

Wenn die Buden fertig waren wurde immer irgendwie weiter gebaut, denn darin bestand der eigentliche Reiz. Die Buden wurden, wie schon erwähnt, mit Gängen verbunden oder irgendwelche Tarnmaßnahmen wurden ergriffen. Einmal hatten wir auf der Müllkippe einen längeren dicken, rostigen Stahldraht gefunden und diesen halbkreisförmig zwischen den Stämmen der Eichen vor den Zugangsbereich als Stolperdraht gespannt. Tatsächlich sind wir dann ein paar Tage später von ein paar größeren Jungen überfallen worden. Sie hatten uns beobachtet und mit Geheul unsere Siedlung stürmen wollen. Sie fielen aber erst einmal längelang hin. Das war so überraschend und peinlich für sie, dass uns Zerstörungen und Strafaktionen erspart blieben und es bei verbalen Drohungen blieb. Wenn wir Kleinere erwischten, drohten wir ihnen Gewalt oder das Abschneiden ihrer Hosenknöpfe an. Außerdem verdonnerten wir sie zum Besenginster schneiden, denn das war eine mühsame Sache. Ich erinnere mich nur an einen Herbst, in dem wir ab und zu in unseren Hütten oder in einer von diesen saßen. Ich las zu Hause gerade das Indianerbuch „Die Söhne der großen Bärin" und erzählte meinen Freunden in Fortsetzungen die Handlung und Geschichten daraus.

In einem Jahr hatten die Russen nach einem Manöver ausgehobene Schützengräben u. a. auf dem Bahndamm der alten Schachtanlage hinterlassen. Das war auf halbem Weg zum Waldrand, also ziemlich ortsnah. Das Gelände ließ sich relativ leicht beobachten. So konnten auch unsere Aktivitäten nicht unentdeckt bleiben. Wir brauchten bloß die Gänge abzudecken und das Innere auszupolstern und fertig war die Behausung. Als wir eines Tages unsere Ausbauten mal wieder besuchen wollten und uns angeschlichen hatten, hörten wir Stimmen von drinnen. Leise machten wir uns wieder davon, klauten uns eine Strohgarbe aus einer der Hütten bei den Häusern in der Nähe der Schachtanlage und schlichen uns wieder an. Es waren immer noch Stimmen von innen zu hören, so dass wir die Strohgarbe in den Eingang schieben konnten und diese anzündeten. Wir wussten freilich, dass unsere Abdeckung auch von innen um den Preis der Zerstörung zu durchbrechen war. Überdies standen wir auch zur Rettung bereit. Die Überraschung war perfekt. Unter Geheul und Geschrei verschafften sich die kleineren Jungen einen Ausgang, und wir nahmen sie oben triumphierend als Rächer in Empfang. Unter Drohungen, dass es das nächste Mal nicht so glimpflich verlaufen würde, verjagten wir die kleine Meute.

Rodeln und Skilaufen

Wie schon berichtet, lebten wir in einer der niederschlagsärmsten Gegenden Deutschlands. Das galt natürlich auch
für den Winter. Es gab also nicht viel Schnee. Trotzdem versuchten wir jede Gelegenheit auszunutzen, um irgendwo
rum oder runter zu rutschen. Im Hof oder an anderen passenden Stellen legte man Bahnen zum Schlittern an und jedes irgendwie geeignete Gefälle wurde ausgenutzt, um stehend oder auf dem Schlitten runter zu rutschen. Das nächste
kleine Gefälle stellte der Helmedamm dar. Von diesem
rutschte man auf die Wiesen zur Dorfseite hinunter. Die
nächsthöheren Hügelchen gab es oben am Schacht, direkt
am alten Bahndamm oder auf der anderen Seite, wo das Gelände kaskadenförmig auf die Schaafsdorfer Drift hinab
führte. Vor allem wenn die Schneereste vereist waren, konnte man schon ein Stückchen rutschen. Oberhalb von Heygendorf gab es auch einen Hügel, den Ziegenberg, zu dem
ich mit meiner Schwester ging, als wir noch unten im Dorf
wohnten. Wir hatten irgendwann einen klassischen Holz-
schlitten bekommen, auf dem man auch zu zweit fahren
konnte. Ansonsten tummelten sich die Kinder zum Teil auf
altertümlichen Metallkonstruktionen mit geigenförmigen
Sitzflächen. Auch wurde einfach so im Stehen auf Gummistiefeln den Hang runtergerutscht. Wenn man sich genü-

gend Zeit nahm, konnte man auch weiter hinter in den Wald gehen, ins Schlangental. Dort führte ein Waldweg hinab, der schon eine längere Rodelstrecke darstellte. Wenn mehrere Kinder sich bis dorthin aufgemacht hatten, koppelten wir alle Schlitten hintereinander. Wir nannten das Bob fahren. Der besondere Reiz bestand dann darin, dass das so entstandene Gefährt meist in einer Kurve aus der Bahn schleuderte und wir Kinder durcheinander purzelten. Das Schlangental wurde auch zum Skifahren benutzt. Es führte nur eine Spur hinunter, und wenn diese dann irgendwann vereist war, wurde es schon manchmal spannend. Einmal fuhr auch jemand mit Schlittschuhen die Eisbahn hinunter, was damit endete, dass der Bursche unten aus der Bahn und gegen einen Baum geschleudert wurde und sich den Arm brach.

Mit neun oder zehn Jahren bekam ich auch ein paar Skier. Man rutschte dann zunächst auf dem schon beschriebenen Gelände herum. Allmählich wurde der Aktionsradius größer und im Freundeskreis ließ man sich auch was Neues einfallen. Hinter dem Bahndamm lag ein Kleefeld, das ein eher leichtes Gefälle hatte und zum Rodeln ungeeignet war. Aber auf Skiern konnte man auf dem wiesenähnlichen Gelände auch bei wenig Schnee ein Stück bergab fahren. Dort bauten wir unsere ersten Schanzen, nur aus Schnee. Man sprang da um die vier Meter weit und konnte richtige Wettkämpfe austragen. Eines Tages hatte ich mich mit Schreiber Siegfried, dem Klassenkameraden und Bauernsohn, der im Winter nicht so sehr zur Mithilfe auf dem Hof eingespannt wurde, zu einer Skitour verabredet. Unsere Wanderung führte uns bis ins Schlangental. Dort angekommen trauten wir unseren Augen nicht. Nur wenig unterhalb des höchsten Punktes, von dem der Weg durch den Wald hinab führte, stand eine richtige aus Stangen und Ästen gefertigte Schanze. Die Absprunghöhe betrug etwa einen Meter dreißig. Es dauerte eine Weile, bis sich Budell (das war sein Spitzname), er war der Stärkste und Mutigste aus der Klasse, über den Schanzentisch zu fahren traute. Krachend flogen die Skier beim Aufsprung in alle Richtungen, ein Sturz war unvermeidlich. Trotzdem wagte ich es dann auch, mit dem gleichen Ergebnis. Jedenfalls hatten wir am Montag früh in der Schule etwas zu erzählen. Natürlich verabredete sich vor dem nächsten Wochenende ein größerer Kreis zu einem Ausflug dorthin. Ich kann mich zwar nicht mehr genau erinnern, aber aus unserem Kreis hat, glaube ich, keiner den Sprung ohne Sturz überstanden. Da jedoch auch eine große Gefahr bestand, sich zu verletzen, ließ das Interesse an der Mutprobe bald nach. Allerdings nicht ohne den Vorsatz zu fassen, im nächsten Herbst dort selbst eine Schanze zu bauen, deren Aufsprungstelle etwas weniger flach war. Auch hielten wir die halbe Höhe des Schanzentisches für ausreichend. Wir setzten das Vorhaben auch um. Ich kann mich noch gut an die schmucke Schanze an einer etwas steileren Stelle erinnern. Zwei schlanke Bäumchen hatten dafür herhalten müssen. Sie ruhten vorn auf zwei in den Boden gerammten Astgabeln und waren hinten im Hang verankert. Ein Damm aus Knüppeln, Tannenzweigen und Laub erwartete den Schneefall des Winters. Seltsamerweise kann ich mich an den folgenden Winter nicht erinnern. Ob wir jemals über unsere Schanze gefahren sind oder die Witterungsverhältnisse ungünstig waren? Es gab ja, wie schon erwähnt, in der Gegend eher wenig Schnee. Bei einer Abfahrt vom schon erwähnten Bahndamm produzierte ich am relativ abrupten Übergang in die Ebene eines Tages „Spitzensalat". Ich bekam am folgenden Weihnachten (dem letzten in Heygendorf) ein paar neue Skier. Sie waren eigentlich viel zu groß für mich kleinen Knirps und Franz erbte meine alten. Die abgebrochene Spitze hatte Herr Gröschl kunstvoll mit Leim und einem aufgenagelten Stück Blech wieder angeflickt. Bei einem Telefongespräch vor einiger Zeit, in dem ich versuchte ein paar Erinnerungen aufzufrischen, erzählte mir Franz, dass er diese Skier erst kürzlich entsorgt hätte. Auf dem Foto unten bin ich im letzten Winter in Heygendorf mit meinen neuen Skiern zu sehen. Diese sind auch auf dem Familienfoto von Weihnachten 1957 zu erkennen.

Mit neuen Skiern im Hof, Winter 1957/58

Schlittschuhlaufen

Mindestens ebenso abwechslungsreich und abenteuerlich war das Schlittschuhlaufen. Das hoch drückende Grundwasser verwandelte jedes Jahr im Winter das Ried westlich der Helme, Richtung Artern, in eine riesige Wasserfläche. Das Gelände war von Gräben durchzogen, an deren Rändern Bodenerhöhungen aus dem Wasser ragten. Auch gab es vereinzelte Baumgruppen, die dann nach einigen Frosttagen die riesigen Eisflächen unterbrachen. Natürlich wurde schon wenige Tage nach Beginn der Frostperiode die Frage diskutiert, ob das Eis schon trägt. Man machte sich also am Nachmittag auf den Weg zum Wiesengelände hinter der Helme. Auf den ersten Metern, wo das höhere Riedgras die Bildung einer festen Eisfläche behinderte, brach man anfangs noch ein und man musste aufpassen, die Eisfläche ohne nasse Füße zu erreichen. Ob das Eis dahinter schon trägt, war ja auch noch nicht sicher. Auch versuchte man selbstverständlich eine steiler abfallende Geländestelle zu finden, um direkt an die Eisfläche heran zu kommen. Wenn das erste Abenteuer bestanden war, kam man bald an einen ersten Graben. Über die kleineren konnte man ja noch springen, aber der große, genannt der Scheidegraben, der auch entsprechend tief war, stellte ein echtes Hindernis dar. Es gab zwei Techniken, die erste Überquerung zu probieren. Auf

228

dem Bauch drüber zu kriechen oder mit Anlauf auf den gefrorenen Graben zu springen, um schnell am anderen Ufer zu landen. Natürlich wurde bei beiden Techniken vorher vom Rand aus mit Schlittschuhen auf das Eis getreten, um die Festigkeit so gut es ging zu testen. Meist entschied man sich für die zweite Methode. Das konnte aber zur Folge haben, dass mit einem gewaltigen Knall ein Sprung im Eis entstand, der sich über mehr als hundert Meter hinzog und man musste den Rückweg an anderer Stelle mit erhöhtem Risiko antreten. Was zu tun ist, wenn man einbricht, war bekannt. So schnell wie möglich, am besten im Dauerlauf, nach Hause rennen, um nicht kalt zu werden. Ich kann mich aber nur an einen Fall erinnern, in dem das einer tun musste. Es war allerdings am Ende der Saison, als sich der Grundwasserspiegel bereits abgesenkt hatte, das Eis hohl war und deshalb brach. Wie die Truppe aussah, die sich da auf dem Eis tummelte, zeigen die Fotos. Als Schlittschuhe hatte man so genannte „Schraubendampfer" oder „Absatzreißer", die mit einem Schlüssel über verstellbare Krampen an Absatz und Sohle befestigt wurden. Oft verstärkte oder sicherte man die Befestigung durch Riemen mit Schnallen oder nur mit Bindfäden. Da das Schuhwerk meist auch nicht besonders fest am Fuß saß, war das insgesamt eine wackelige Angelegenheit. Manch einer versuchte sogar, Schlittschuhe an Gummistiefeln zu befestigen. Meine Schlittschuhe waren zwar neu, hatten aber auch keinen richtigen Hohlschliff. Wenigstens hatten sie scharfe Kanten. Auf welchen Modellen da einige unterwegs waren, ist ebenfalls auf den Bildern zu erkennen. Einige unserer Vorfahren sollen aber sogar auf Tierknochen Schlittschuh gefahren sein.

Man konnte auf Schlittschuhen das Gelände durchstreifen, von einer Eisfläche zur anderen wandern, die je nach Grundwassersituation bis zu einem Quadratkilometer groß waren. Auch die Oberflächen waren unterschiedlich und beliebt waren natürlich ganz glatte Eisflächen, die wir Spiegeleis nannten. Sogar auf die vereinzelten Bäume konnte man mit Schlittschuhen gut klettern. Meist wurde aber auf dem Eis so eine Art Eishockey mit selbst geschnitzten Stöcken gespielt. Einmal hatte ein Mitschüler sogar irgendwo einen richtigen Hockeyschläger erstanden. Es war allerdings ein Schläger für einen Tormann beim Rasenhockey. Die Schlittschuhe trug man zur Eisfläche an Riemen baumelnd, über die geschulterten Stöcke gehängt. Da die Lebensdauer der Stöcke durch stundenlanges aufs Eis dreschen begrenzt war, war man auch ständig auf Ausschau nach geeignetem Ersatzmaterial. Äste von Pflaumenbäumen und Holundersträuchern waren besonders geeignet. Die Stöcke aus Holunderholz liebte unser Kater Schnurr. Sie müssen gut gerochen und geschmeckt haben, denn ganz besonders wenn das Holz schon etwas ausgefasert war, und sie zusammen mit den Schlittschuhen hinter dem Ofen zum Trocknen lagen, konnte er stundenlang daran schlecken.

Gelegentlich konnte man, mehr oder weniger nahe, auch andere, fremde Schlittschuhläufer sehen. Einen davon erkannten wir allerdings schon von weitem an seiner Größe und seinem Laufstil. Es war Vater Jaritz, der sich auch ab und zu aufs Eis wagte und in steif aufrechtem Lauf bei jedem Schritt den Fuß mit dem Schlittschuh nach hinten oben schwang. Zumindest auf unserer Seite bestand kein großes Interesse, ihm auf dem Eis zu nahe zu kommen. Im südlichen Teil des Rieds blieben die Wasserflächen wegen der vielen Wasservögel aus nördlicheren Breiten, die dort zum Teil auch überwinterten, offen. Dahin hielten wir gebührenden Abstand.

Auf dem Eis im Ried

Die Pflanzen- und Tierwelt

Dass das Helmetal eine fruchtbare Aue war, und wir in einer Landschaft lebten, in der die Landwirtschaft große Bedeutung hatte, obwohl es in der näheren Umgebung auch Bergbau und Industrie gab, habe ich schon erwähnt. Wir lebten in einer Zeit, in der die Chemie in der Landwirtschaft noch eine untergeordnete Rolle spielte und sich die Pflanzen- und Tierwelt noch weitgehend nach den Kräften der Natur, wie sie sich aus Klima und Bodenverhältnissen ergaben, entwickelte. Kunstdünger war rar, gedüngt wurde hauptsächlich organisch. Die Wiesen waren voller Blumen. Es gab alle möglichen Wildkräuter in den Feuchtgebieten und an Wegrändern und Feldrainen. Diese wurden von uns direkt verspeist, wie Sauerampfer oder die Fruchtkörper von Malvengewächsen, die wie kleine Brotlaibe aussahen und „Käsepopel" genannt wurden. Aus Brennnesseln wurde im Frühjahr eine wohlschmeckende Suppe gekocht. In den Getreidefeldern und auf den Fluren gab es Mäuse zuhauf und dadurch entsprechende Vögel und Tiere, für die diese Nahrungsgrundlage waren. Wir Jungen waren weniger für Blumensträuße zuständig, aber meine Schwester brachte prächtige Sträuße aus Margeriten und Feuernelken von den Wiesen und später im Jahr aus Mohnblumen (Klatschmohn), Kornblumen und Rittersporn von den Feldern nach Hause.

Auch in der Schule wurde eines Tages am Schuljahresende die Parole ausgegeben, Kräuter und Blüten zu sammeln und abzuliefern. Hammi und ich lieferten wenigstens einen Korb voll Lindenblüten ab. Ich nehme an, dass die Mädchen fleißiger waren. Ich selbst versorgte die Familie mit Teeblättern, die aus einer pfefferminzartigen Pflanze, genannt Krauseminze, gewonnen wurden. Damit besserte ich mein Taschengeld auf.

Die Vogelwelt, die unmittelbar im Dorf lebte, bestand vor allem aus Spatzen, Schwalben und Tauben. Die Spatzen nisteten überall. Bei uns am Haus, es war aus Sandsteinen gemauert und damals unverputzt, gab es in den Fugen jede Menge Löcher, die groß genug für ein Spatzennest waren. Sie galten allgemein als Schädlinge und man versuchte sie durch Ausnehmen ihrer Nester zu dezimieren. Später, als Hammi das Luftgewehr seines Opas benutzen durfte, verließ der Schwarm Spatzen bei dem leisesten Geräusch oder einer verdächtigen Bewegung schwirrend den Garten, um sich an einem vermeintlich sicheren Platz wieder nieder zu lassen. Freilich wurden sie auch ständig erneut vom Futter für die Hühner im eingezäunten Gelände hinter dem Haus angelockt.

Schwalben dagegen galten als Nützlinge, da sie sich ja von Insekten ernähren. Von diesen, vor allem von der normalen

Stubenfliege, gab es genug. Schwalben nisteten in kunstvoll aus Lehm und ihrem Speichel unter Dachüberständen, in Hauseingängen und sogar direkt in Ställen gemauerten Nestern. Sie flogen dort durch die im Sommer offenen Fenster und Türen ein und aus. Der Fliegenplage im Sommer konnten sie allerdings nicht Herr werden. Fast ständig hingen in der Wohnküche Klebefallen herum. Papierstreifen, die mit einer sirupartigen, klebrigen und auch noch giftigen Masse bestrichen waren und die aus einer Papphülse gezogen wurden. Wenn man der Fliegen nicht mehr Herr wurde, versprühte man über eine mundbetriebene Sprühvorrichtung Fliegengift. Es nannte sich „Mux" und kam aus einer Flasche aus dickem Glas, die leer dann noch einer ganz anderen Verwendung zugeführt wurde. Wir lebten zwar in mancher Beziehung natürlich und naturnah, aber sowohl die hygienischen Verhältnisse, als auch die Verwendung von irgendwelchen Giften war sicher nicht gesundheitsfördernd.

Die meist wild lebenden Tauben, genannt Flüchter, ernährten sich vor allem im Sommer auf den Feldern und sonst von dem, was auf den Bauernhöfen und in der Natur zu finden ist. Auf den Bauernhöfen gab es auch häufig Nistplätze in Form von gelegentlich kunstvoll gestalteten Taubenschlägen. Von dort wanderten viele natürlich auch in die

Kochtöpfe. Bei uns im Hof wurde einmal Erbsstroh gedroschen. Da es schon überreif war, wurden Unmengen von Erbsen schon beim Anfahren des Strohs und beim Beschicken der Dreschmaschine verstreut. Niemand machte sich die Mühe (schon gar nicht bei der LPG), diese aufzulesen oder aufzukehren. Bei den Tauben hatte sich das aber schnell herumgesprochen und sie kamen, um sich das Festmahl nicht entgehen zu lassen. Flugs organisierten die Gröschl-Buben und ich ein Wurfsieb (ein Holzrahmen mit einem feinmaschigen Drahtgitter) und stellten es auf einer Seite auf ein Stöckchen, an dem eine Schnur befestigt war. Unter das Sieb wurden Erbsen gekehrt, mit einer Spur nach draußen. In kürzester Zeit pickten acht oder neun Tauben emsig Erbsen unter dem Sieb, das durch einen kurzen Zug an der Schnur zur Falle wurde. Ich glaube nicht, dass irgendjemand die Tauben vermisst hat, denn es gab genug davon. Bei der Familie Gröschl wurde aber der Speiseplan etwas bereichert. Wie schon erwähnt, hielten sich einige Klassenkameraden auch Rassetauben und züchteten diese sogar. Ich erinnere mich, dass Peter Friese „Danziger Hochflieger" hatte, die man gelegentlich hoch oben am Himmel beobachten konnte. Scholli züchtete Brieftauben und sogar Hammi hatte Tauben, so genannte „Trommler". So weit ging mein Interesse nicht in dieser Richtung.

Auf unseren Streifzügen durch Flur und Wald beobachteten wir natürlich auch eine reiche Vielfalt von Greifvögeln. Bussarde, Habichte, Weihen und die kleineren, flatternden Falken, die vor allem in den Gemäuern der alten Schachtanlage nisteten. Auch alle möglichen Arten von Rabenvögeln konnte man beobachten. Unser Schulkamerad Werner Strohmach, genannt Locki, hatte sogar mal eine kleine Dohle aufgezogen, die später, wieder in Freiheit entlassen, regelmäßig zu ihm ans Fenster zurückkam. Wunderliche Geschichten wurden über die als intelligent und diebisch geltenden Elstern erzählt, die mit ihrem schwarz-weißen Gefieder und dem langen Schwanz auffielen. Im Wald fanden wir gelegentlich die kleinen blauen Federn von Eichelhähern, mit denen man Mütze oder Kleidungsstücke schmückte. Erschreckt wurden wir manchmal von irgendwelchem Federvieh, das wir auf unseren Streifzügen aufstöberten, z.B. wenn plötzlich ein ganzer Schwarm von Rebhühnern aufflatterte. In den feuchten Wiesengebieten westlich der Helme, in denen Abertausende von Fröschen lebten, gab es genügend Nahrung für Störche. Ein Paar hatte regelmäßig sein Nest auf einem Wagenrad, welches im Südteil von Heygendorf auf einem Scheunendach angebracht worden war. Man konnte es von der Dorfstraße aus beobachten, traf aber die Störche auch draußen in den Wiesen. Eulen, Uhus oder

Käuzchen, die ja Nachtjäger sind, sahen wir seltener, aber ihre Rufe hörten wir abends oder nachts. Ihre Schreie wurden von uns Kindern als unheimlich oder beängstigend empfunden, nicht zuletzt deshalb, weil man mal irgendwo gehört hatte, dass Eulen Verkünder eines nahen Todes seien. Neben den schon besonders beschriebenen Käferarten gab es noch andere, die uns, die wir ja häufig bodennah unterwegs waren, auffielen. Irgendwelche Laufkäfer oder Mistkäfer und natürlich Marienkäfer und Leuchtkäfer wurden beobachtet. Ganz besonders auffällig waren die Hirschkäfer, die wohl größten, die besonders im Eichenwald anzutreffen waren.

Die großen Tiere des Waldes bekamen wir eher selten zu Gesicht. Sie waren scheu und das Waldgebiet war riesig. Von Wildschweinen sahen wir auch meist nur die Stellen, wo sie sich suhlten. Erst später, als auf den Feldern auch Mais oder Sonnenblumen angepflanzt wurden, kamen sie gelegentlich raus auf die Felder. Auch daran, dass Füchse im Dorf Hühner oder Gänse geholt hätten, kann ich mich eigentlich nicht erinnern. Da gab es draußen auf den Feldern genügend Kleingetier. Dafür gab es jede Menge Feldhasen, die man häufig über die Felder hoppeln sah. Im Herbst wurden diese bejagt und einige Schüler bekamen dafür als Treiber schulfrei. Den Feldhasen, den Scholli als Treiber zur

Belohnung erhielt, verkaufte er an unseren Lehrer Jaritz. Bei so einer Treibjagd wurden, wenn ich das richtig in Erinnerung habe, über zweihundert Hasen erlegt. Angeblich wurden diese zur Devisenbeschaffung nach Frankreich verkauft.

Der Himmel bei Tag und Nacht

Bei unseren Aktivitäten orientierten wir uns zunächst meist nach draußen. Das bedeutete, dass immer erst der Blick in Richtung Himmel ging. Woher kommen, wohin ziehen die Wolken? Wie ist die Wetterlage, droht Regen, wird es schön oder schön bleiben? Ich kann mich nicht erinnern, dass wir uns nach einem Wetterbericht im Radio orientiert hätten. Wir machten unsere eigene Prognose oder nahmen es, wie es kam. Wie schon erwähnt, lag die Niederschlagsmenge nur bei etwa der Hälfte des Durchschnitts in Deutschland und vor allem die Sommer waren sonnig und warm. Der Regen kam auch meist von Westen, aber es gab eben häufig Wetterlagen, in denen das so genannte Landklima von Osten her meist schönes Wetter brachte. Natürlich wussten wir auch, wie man die Himmelsrichtung bei bedecktem Himmel ermittelt. Man kann das an der Rinde eines freistehenden Baumes erkennen. Freilich gab es im Sommer auch gewaltige Gewitter, die wir aufmerksam verfolgten. Zum einen waren die oft mehrzackigen grellen Lichterscheinungen am dunklen Himmel toll anzuschauen, zum anderen zählten wir, wenn das Gewitter nah genug war, die Zeit bis nach dem Blitz der Donner kam. Wenn es unmittelbar nach dem Blitz krachte, wurde es spannend, denn dann war der Blitz in unmittelbarer Nähe niedergegangen. Man vermied Zugluft in der Wohnung, weil es hieß, dass diese Blitze anziehe oder sogar Kugelblitze durch die Wohnung sausen könnten. Erlebt haben wir das nicht. Zwar sah man schon mal eine verkohlte Pappel am Straßenrand, die offensichtlich vom Blitz getroffen worden war und auf den Feldern errichtete Strohschober waren gelegentlich aus sonst unerklärlichen Gründen abgebrannt. Der Strom fiel bei Gewitter häufig aus, aber das passierte in der damaligen Zeit auch ohne Gewitter oft genug. Man hatte immer Kerzen und Streichhölzer bereit liegen. Wenn sich Wolken zusammenballten hielten wir auch Ausschau nach Windhosen. Von solchen und von Wasserhosen, die sich wohl gelegentlich an der Ostsee bilden, hatten wir schon gehört. Ich kann mich aber nur an ein solches Ereignis erinnern, bei dem eine schlauchartige Wolkenbildung nach unten zu erkennen war, ohne von einer Auswirkung betroffen worden zu sein oder von einer solchen in der Nähe gehört zu haben. Als Kind neigt man ja dazu, von besonderen Geschehnissen, auch vermeintlichen, aufbauschend zu berichten.

Auch abends oder nachts war der Himmel Objekt unserer Beobachtungen. Damals war es in der Nacht stockfinster. Die vereinzelten Straßenlaternen waren meist kaputt. Warum wird an anderer Stelle noch erwähnt, und das bisschen Licht aus den Häusern war unbedeutend. Meine erste größere Anschaffung war ein Zeiss-Fernglas gewesen. Auf den Streifzügen durch Flur und Wald hatte ich es selten dabei, dafür war es zu kostbar. Aber nachts konnte man die unendliche Sternenvielfalt noch um ein Vielfaches vergrößern. Da wir immer zeitig ins Bett mussten, fanden diese Beobachtungen allerdings meist nur in den Wintermonaten statt, in denen es schon in den frühen Abendstunden dunkel wurde. Schon mit bloßem Auge konnte man das gigantische Sternenband der Milchstraße, das wie ein Pinselstrich quer über dem Firmament erscheint, erkennen. Ich nehme an, dass mir mein Vater als Erster erklärt hat, dass unser Sonnensystem eher am Rand eines gigantischen, spiralförmigen Sternhaufens liegt, den wir von uns aus als Milchstraße sehen. Alle mit bloßem Auge sichtbaren Sterne gehören zu der Galaxie Milchstraße. Das nächste ähnliche Sternensystem, der Andromedanebel, lässt sich nur mit dem Fernglas erkennen und ist schon mehr als zwei Millionen Lichtjahre entfernt. Wir wussten auch, dass einzelne Sternformationen Sternbilder genannt wurden. Vor allem der Große und der Kleine Bär (oder Wagen) am Nordhimmel waren für uns ein Begriff. Ebenso wussten wir, dass man über diese Sternbilder den Polarstern orten kann (er stellt das Ende der Deichsel des kleinen Wagens dar), der immer im Norden steht und um den sich das Himmelsgewölbe scheinbar dreht.

Mit dem Fernglas konnte man auch schon gewisse Oberflä-
chenstrukturen auf dem Mond erkennen. Dass der hellste
„Stern" am Himmel, bekannt auch als Morgen- oder Abend-
stern eigentlich unser Nachbarplanet, die Venus ist und der
rötlich schimmernde „Stern", der andere Nachbarplanet, der
Mars ist, war uns ebenfalls bekannt. Wir wussten, was es mit
den seltener auftretenden Lichtstreifen am Nachthimmel,
den Sternschnuppen, auf sich hatte und auch von dem
Aberglauben, dass bei solchen Ereignissen ausgedachte
Wünsche in Erfüllung gehen würden. Eine Zeit lang war am
nördlichen Himmel auch ein Komet mit Schweif zu beobachten. Hammi und ich hatten damals schon unsere Foto-
apparate, aber alle unsere Bemühungen, diese Erscheinung
auf einen Film zu bannen, blieben erfolglos.

Abenteuer in Dorf und Flur

Ging man nicht den speziell beschriebenen Beschäftigungen nach, streunte man einfach durch das Dorf oder die Gegend. Als kleinere Jungen zu Fuß, später mit unseren neuen Fahrrädern. Da war man in wenigen Minuten an jeder Stelle des Dorfes, irgendwo auf den Wegen entlang der Helme oder durch die Felder und meist gab es auch irgendetwas zu sehen oder zu erleben. Durch offene Hoftore konnte man beobachten, wie sich Bauersleute gelegentlich mit ihren Zugtieren plagten und z.B. der Schimmel von Fiedlers partout nicht so wollte, wie die Bäuerin. Die schrie dann nach ihrem Mann:"Fritze, Fritze der Schimmel keilt!" Er wollte sich nicht einspannen lassen und schlug mit seinen Hufen nach hinten aus.

Wenn man sah, dass ein Bauer mit seiner Kuh Richtung Gutshof ging, konnte man schon ahnen zu welchem Zweck. Dort gab es einen großen Bullen, der das Geschäft, das heute durch künstliche Besamung erledigt wird, noch auf traditionelle Weise betrieb. Man verfolgte dann vom Hoftor aus, wie das gewaltige Tier am Nasenring aus dem Stall geführt wurde und der Kuh zu Nachwuchs verhalf. Hammis Großvater versorgte nicht nur den Gemüsegarten des Gutshofes, später der LPG, sondern versah auch die Position des Deckmeisters und kastrierte die Schweine. Auch bei uns im

Hof konnten wir gelegentlich an einem Schauspiel teilhaben, denn der Schäfer hatte hinten im Stall auch einen Ziegenbock. Der stank fürchterlich. Besonders lustig war es eines Tages, als Schulkamerad Schreiber Siegfried mit seiner Ziege kam. Er stand in der Mitte des Hofes, die Ziege an einer etwa drei Meter langen Leine haltend. Er musste sich in der Mitte viele Male drehen, bis sich die Ziege, die der Ziegenbock schlabbernd vor sich her trieb, in das Unvermeidliche fügte. Ernst, Franz und ich hatten das Schauspiel höchst amüsiert verfolgt.

Unweit von Hammis Zuhause war auch das Gasthaus Stolze und die Fleischerei. Geschlachtet wurden Tiere dort im Hof. Die beiden Hälften des Schiebetors hatten einen Spalt von etwa einem Zentimeter. Wenn man ein Auge unmittelbar an diesen Spalt presste, konnte man das Geschehen im Hof voll überblicken. So „hingen" dort gelegentlich zwei Köpfe außen am Tor, einer weiter oben, der andere weiter unten, wenn wir durch Quieken und Geschrei darauf aufmerksam wurden, dass es da etwas zu sehen gab.

Natürlich wussten wir von unseren Streifzügen, wenn die ersten Kirschen oder anderes Obst reif waren oder wenn irgendwo besondere Feldfrüchte, wie Radieschen oder Gurken angepflanzt worden waren. Um keinen Verdacht zu erregen, pirschten wir uns an die Früchte unserer Begierde

durch ein Kornfeld an, jedenfalls nicht direkt von der Dorfseite her. Ganz früher, als man das Korn noch mit der Sense
schnitt, wurde dieses noch mit Strohhalmen zu Garben ge-
bunden und in so genannten Puppen auf dem Feld zum
Trocknen aufgestellt, bevor es zum Dreschen eingefahren
wurde. Als dann Mähbinder aufkamen, die über ein Bal-
kenmähwerk das Korn abschnitten und gleich zu Garben
banden, erkannten wir solche Geräte, wenn sie irgendwo auf
dem Feld standen, schon von weitem. Wehe der Bauer hatte
vergessen, die Schnurrolle mit nach Hause zu nehmen, dann
gehörte sie uns. Schnur konnte man immer gebrauchen
(auch zum Buden bauen), obwohl der oft für diese Zwecke
verwendete Papierbindfaden in Haltbarkeit und Lebensdauer sehr begrenzt war. Auch bei uns gab es damals schon
gewisse Qualitätskriterien.

Einmal brannte ein großes Weizenfeld. Das Feuer erzeugte
seine eigene Thermik und während noch ein Feuerwehr-
mann mit seiner Schalmei durchs Dorf fuhr, waren wir
schon auf einem sicheren Beobachtungsposten. Es dauerte
eine Ewigkeit bis man mit einem Pflug versuchte, eine
Schneise in das Feld zu ziehen. Der Funkenflug übersprang
diese mühelos. Weder hätten die Schläuche der Feuerwehr
bis zur Helme gereicht, noch war genug Zeit, solche zu ver-
legen. Das Feld brannte bis zum letzten Halm ab. Tagelang

lag ein Duft von Malzkaffee über dem Helmetal und wir Jungen füllten unsere Hosentaschen mit gerösteten Körnern, die wir mit den Händen zusammengekehrt und durch Pusten gereinigt hatten, um sie dann zu knabbern.

An eine Feuerwehrübung, bei der wirklich gespritzt wurde, erinnere ich mich auch. Es waren Schläuche von der Helme bis zur Schaafsdorfer Kirche, die aus dunklen Sandsteinquadern gemauert war, verlegt worden. Nachdem man ein Weilchen am Kirchturm hoch gespritzt hatte, war es den jungen Burschen langweilig geworden. Man zog sich wieder an die Helme zurück, um dort eine gigantische Wasserschlacht, gewissermaßen jeder gegen jeden und gegen uns Badende, zu veranstalten. Wenn man von so einem Wasserstrahl getroffen wurde, ging man unweigerlich unter.

Einmal war jemand auf die Idee gekommen, es wird wohl Siegfried selber gewesen sein, die Kühe auf der Wiese hinter dem Hof seiner Eltern zu jagen, und sich von diesen, am Schwanz hängend, ein Stück durch die Wiese ziehen zu lassen. Das Ganze geschah natürlich in Badehosen und zur Säuberung in der Helme war es auch nicht weit. Siegfried, der Tapferste und Mutigste lies einmal zu spät los, und so schleifte ihn die Kuh an der Rinde eines der alten Apfelbäume entlang. Das gab Abschürfungen vom Oberkörper bis zu den Beinen. Hautverletzungen, durch die dann so langsam das Blut sickert, heilen bekanntlich besonders schlecht. Siegfried hatte damals auch öfter ein „Loch im Kopp", wie es so schön hieß. Einmal, so erinnere ich mich, war es das Bügeleisen, welches er aus Versehen an der Schnur vom Schrank gezogen und das ihn voll getroffen hatte.

Sehr beliebt war auch das Spiel mit dem Echo. Die Wände der Ruine der riesigen Halle der alten Schachtanlage, eine beliebte Gegend für alle möglichen Abenteuer, lieferten ein perfektes Echo. Wenn man von dem etwas höher liegenden Feldrand gegenüber etwas in Richtung der hohen Ziegelwände rief, kam eine klare Antwort zurück. Die Entfernung war auch groß genug, dass man ganze Sätze formulieren konnte und dann das letzte Wort mit fehlendem Anfangskonsonanten klar und deutlich zurückbekam. So kam auf die Frage: „Wie heißt der Bürgermeister von Wesel?" die Antwort: „Esel", oder auf „Was essen die Studenten?", „Enten" zurück. „Wer schießt die Tore, wenn ich kicke?", wurde mit „icke" beantwortet. Alles Mögliche probierten wir aus, bis hin zum „Sterben", das die Antwort „Erben" zur Folge hatte. Dass der Schall in Luft etwa 330 Meter pro Sekunde zurücklegt, wussten wir ja schon vom Gewitter und dass sich der Schall in Flüssigkeiten und festen Körpern noch schneller und besser ausbreitet, hatten wir auch irgendwann im Physikunterricht mitbekommen. Schön waren diese Phänomene auch beim Schlittschuhlaufen zu beobachten. Wenn einer ein Stück weiter weg mit dem Stock aufs Eis schlug, war dieser längst wieder in einer ganz anderen Stellung, wenn es knallte. Die Schallübertragung im Wasser probierten wir beim Baden aus, allerdings ohne besondere Ergebnisse. Wenn uns unsere Ausflüge bis zu einem Bahngleis führten, legten wir ein Ohr auf die Schienen, um zu hören, ob ein Zug kommt.

Mitte der fünfziger Jahre kam das Federball spielen auf. Ab dieser Zeit verbreiteten sich Modeströmungen aus dem Westen auch über das aufkommende Fernsehen schnell. Ich nehme an, dass unsere Holzschläger mit der Bespannung aus Kunststoffschnur aus DDR-Produktion stammten. Aber die weißen Kunststoffbälle mit der roten Gummikappe waren rar. Dafür gab es bunte Holzklötzchen, die mit ebenso bunt gefärbten Gänsefedern bestückt waren. Sie waren viel größer, flogen ähnlich gut und waren fast noch hübscher anzuschauen. Man schlug sich einfach nur die Bälle zu und versuchte, das möglichst lange zu tun, ohne dass der Ball den Boden berührte. Bei einem Telefongespräch erzählte mir Franz neulich, dass der Rekord bei über tausend Ballwechseln gelegen hat. Ich hätte mich an diese Zahl nicht mehr erinnert.

Einmal wurden Hammi und ich, als wir durch das Dorf streunten vom „Meisterbauer" genannten Schwiegersohn des alten Ortscheid zum Heuabladen eingespannt. Wir stopften das mit der Gabel hoch gereichte Heu in die letzten Winkel des Dachbodens. Es war Sommer und vor allem da oben war es richtig heiß. Außerdem war diese Arbeit eine staubige Angelegenheit. Als der Wagen leer war bekamen wir jeder 25 Pfennige. Da wir gewaltigen Durst bekommen hatten, machten wir uns auf den Weg zum Gasthof Og. Für unseren Lohn bekam man ¼ Liter dunkles, alkoholfreies Malzbier, das wir an der Theke stehend genossen. Da wir die einzigen Gäste an diesem Sommernachmittag waren und Frau Og noch anderes zu tun hatte, ließ sie uns dort allein und ging ihren Beschäftigungen im Haus nach. Sofort erkannten wir unsere Chance und füllten das halbgeleerte Glas am Zapfhahn wieder voll. Schnell tranken wir das Glas wieder so weit aus, dass wir keinen Verdacht erregten, als Frau Og mal wieder vorbei kam, um nach uns zu schauen. Der Vorgang wiederholte sich, bis wir endlich unser Glas leer getrunken hatten und der Durst wirklich gestillt war.

Feuer machen spielte natürlich auch in unserer Freizeit eine gewisse Rolle. Man war sich der Gefahr durchaus bewusst und wenn im Spätsommer oder Herbst eine Böschung mit trockenem Gras in Flammen aufging, hatten wir gelegentlich alle Mühe, ein Übergreifen der Flammen auf Buschwerk zu verhindern. Bei der Kartoffelernte oder wenn wir ein abgeerntetes Feld mit noch vorhandenem trockenen Kraut entdeckten, wurde dieses zusammengescharrt und angezündet. Die Glut im Inneren des Aschehaufens reichte dann noch aus, um einzelne gestoppelte Kartoffeln darin zu garen, eine ganz besondere Delikatesse.

Zigaretten geraucht wurde eher seltener. Klar brachte mal einer eine halbe Schachtel daher, die ein Vater irgendwo hatte liegen lassen. Interessanter war es jedoch, sich seine Rauchutensilien selbst herzustellen. Man erntete auf einem Mohnfeld ein paar reife Mohnköpfe, schnitt die Kapseln oben auf und ließ sich die Mohnkörner in den Mund rieseln. Die Stiele zwischen zwei Knoten stellten ja ein Röhrchen dar, das man seitlich in die Mohnkapsel stecken konnte und fertig war die Einmalpfeife. Auf manchem Dachboden hingen im Spätsommer die großen Blätter von Tabakpflanzen zum Trocknen. Manchmal hingen sie auch länger da und waren schon etwas staubig. Zusammengekrümelt konnte man damit die Einmalpfeife stopfen und richtig rauchen. Wenn keine Tabakblätter zur Hand waren, rauchte man trockenes Kastanienlaub, das gab es im Herbst zur Genüge. Auch die Funktion einer Lupe als Brennglas war uns bekannt und sollte an dieser Stelle erwähnt werden. Es war immer reizvoll auf diese Weise Feuer zu entfachen, irgendwo Brandspuren zu hinterlassen oder gar menschliche Opfer (Mädchen) damit zu erschrecken. Eher seltener, obwohl es ja große Riedflächen mit Gräben gab, kamen wir an Rohrkolben. Wenn diese aber die richtige Reife hatten und entsprechend trocken waren, konnte man, den Stiel zwischen den Zähnen haltend, den eher von Karikaturen her bekannten Großgrundbesitzer oder Kapitalisten mimen, wenn man die Rohrkolben anzündete und diese wie eine dicke Zigarre abbrannten.

Gelegentlich machten wir auch Sonntagsspaziergänge. Auf solchen entstanden die hier gezeigten Fotos. Die halb Liegenden sind Franz Gröschl und Kurt Graf, genannt Grafs Kurtchen. Letzterer war ein Jahr älter und ging nicht in unsere Klasse. Er wohnte auch in Schaafsdorf und war häufig mit uns unterwegs.

Mit Kameraden auf einem Sonntagsspaziergang

Dietmar Laube, Peter Friese und Kurt Graf

Die Wäscheklammerpistole und andere Schießvorrichtungen

Unsere erste pistolenartige Schießvorrichtung war die Wäscheklammerpistole. Wie die Bildfolge zeigt, wird zunächst ein Schenkel der damals üblichen Wäscheklammer abgesägt. Mit einigen, etwas breiteren, aus einem alten Fahrradschlauch geschnittenen Gummiringen übereinander, wird der abgesägte Schenkel nun mit ordentlicher Spannung am oberen Ende der teilamputierten Wäscheklammer befestigt. Zwischen Daumen und Zeigefinger gehalten, kann nun mit dem Handballen der Klemmmechanismus zum Laden und Abschießen geöffnet werden. Etwas schmaler geschnittene Gummiringe können nun eingeklemmt und über den Lauf der Klammerpistole gespannt werden. Zum Laden empfiehlt es sich, die Klemmvorrichtung durch Fingerdruck zusätzlich zu sichern. Leichter Druck vom Handballen auf den federnd gelagerten Klemmschenkel löst nun die Klemme und der Gummiring schießt in die gewünschte Richtung. Wenn der Schlauchdurchmesser größer oder der Gummi sehr elastisch ist, kann man die als Geschosse verwendeten Gummiringe durch einen Knoten in der Mitte verkürzen und damit auch die Geschosswirkung verbessern. Diese relativ ungefährliche Schießerei erfreute sich immer wieder mal größerer Beliebtheit, vor allem wenn die Mädchen kreischend flüchteten.

Auch versuchte man, was man an Waffen in Sammlungen auf den Burgen bei Schulausflügen sah, irgendwie nachzubauen. Am anspruchsvollsten war wohl die Armbrust. Aber sowohl der Körper, als auch der Lauf, der Spannbügel, die Bolzen und der Auslösemechanismus stellten doch höhere Anforderungen an die handwerklichen Fähigkeiten. Ich kann mich jedoch an ein Exemplar erinnern, bei dem das Metallgestell eines alten Regenschirms (das damals noch eine gewisse Qualität und Stabilität hatte) als Federbügel diente und durchaus eine gewisse Funktionsfähigkeit erreichte. Unsere Versuche mit Pfeil und Bogen waren hingegen eher kläglich. Zwar versuchten wir, bei den Pfeilen mit Federn am Ende eine Drehung und damit Flugstabilität zu erreichen, aber unsere Bögen, meist aus frischen Haselnusshölzern, verloren immer schnell ihre Spannung. Soviel Geduld, wie bei der Herstellung einer Angelrute, brachten wir für diese Arbeit nicht auf.

Mehr Mühe gaben wir uns dagegen wieder mit einem anderen Schießgerät. Eine alte Luftpumpe wurde vorne, gleich hinter dem Luftauslass für die Ventile, abgesägt. Der Rand wurde sorgfältig von außen her angefeilt, so dass die jetzt offene Rohrmündung einen scharfen Rand bekam. Diesen

konnte man nun drei bis vier Zentimeter tief in eine Futterrübe hineinstechen und mit einem kurzen Knick nach unten,
den so entstandenen Stöpsel aus der Rübe brechen. Nun
kam es darauf an, mit kurzem Anpumpen ein ordentliches
Volumen in der Pumpe herzustellen und dann mit einer
kräftigen Pumpbewegung den zunächst dicht sitzenden Rü-
benstöpsel aus der Pumpe zu befördern. Durch die damals
abschraubbare Kappe am Ende des Pumpenrohres konnte
man die Stange mit der Dichtmanschette aus der Pumpe
ziehen. So kam man an die meist aus Leder bestehende
Dichtungsmanschette, die zwischen zwei Scheiben mittels
einer Mutter an der Stange befestigt war. Die Manschette
konnte man erneuern oder mit Fett schön gleitfähig und
dicht machen. Darin bestand die Kunst eine gute Pumpen-
wirkung zu erzielen. Man konnte nun mit einer Futterrübe
als Munitionsvorrat sich gegenseitig beschießen oder den
Griff der Pumpe zwischen die Füße geklemmt, das Rohr mit
beiden Händen nach unten stoßend den Stöpsel in einer ballistischen Kurve nach schräg oben jagen. Naheliegend ist
dann ein Wettbewerb im Weitschießen. Wenn man das Ganze auf einem Feldweg neben einem Rübenfeld organisierte,
war der Munitionsvorrat praktisch unbegrenzt, denn aus
einer großen Futterrübe konnte man bis zu 20 Schuss gewinnen.

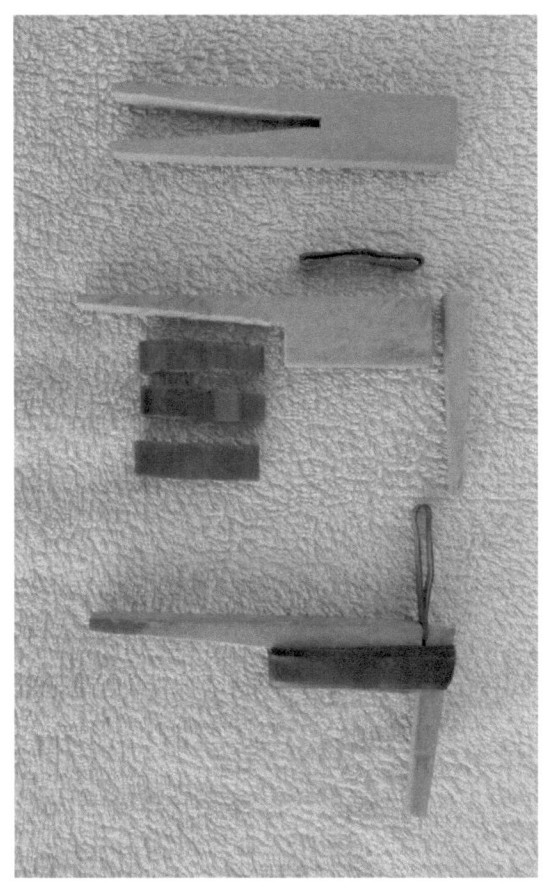

Wäscheklammerpistole

Die Steinschleuder oder Schnippe

Unsere Standardwaffe, gewissermaßen das G 36 meiner Kindheit, war allerdings die Steinschleuder, von uns damals Schnippe genannt. Vor allem als ich den schon erwähnten Autoschlauch von meinem Vater bekommen hatte, erlebten Bau und Anwendung eine Blüte. Das im Bild gezeigte Modell ist ein Nachbau aus dem Jahr 2016. Statt der hier verwendeten Astgabel aus Haselnuss, verwendeten wir damals solche von Fliederbüschen, die es an verschiedenen Stellen im Dorf an Gartenzäunen gab. Nach dem Zuschneiden und Schälen mussten die Gabeln sorgfältig getrocknet werden. Die auf dem Foto verwendeten industriell gefertigten Gummibänder haben auch lange nicht die Elastizität der aus dem Schlauch geschnittenen Gummistreifen. Deren Spannkraft konnte außerdem ganz individuell durch die gewählte Breite variiert werden. Auch eine Lederschlaufe zu finden, die so weich ist, dass man das Geschoss, den Stein, richtig zwischen den Fingern spürt und gleichzeitig fest genug ist, der Dauerbelastung stand zu halten, lässt sich mit heutzutage gegerbtem Leder kaum erreichen. Damals verwendete man die Zungen von alten Schuhen. Je älter sie waren, desto weicher und reißfester war meist das Leder. Wo immer man eines alten Schnürschuhs habhaft werden konnte (auch die Müllablagerungsplätze wurden daraufhin regelmäßig abgesucht), wurde als Erstes geprüft, ob die Zunge noch drin ist. Die Befestigung der Gummibänder an der Astgabel und in der Lederschlaufe erfolgte, wie auf dem Bild zu erkennen ist, auch mit den schon erwähnten Gummiringen, die aus Fahrradschläuchen gewonnen wurden. Es war also alles elastisch konstruiert und konnte leicht repariert werden.

Die Schnippe gehörte zur Grundausrüstung eines Jungen, wie ein Messer und, wenn es in den Wald ging, ein kleines Beil. Letzteres wurde im Hosenbund getragen, wobei der Stiel beim Laufen etwas hinderlich war. Mit der Stein-schleuder zielte man auch auf lebende Objekte wie Spatzen oder Tauben. Die Wahrscheinlichkeit eines Treffers war da-bei jedoch gering. Einmal habe ich allerdings erlebt, wie Scholli mit einem Schuss eine Taube von der Giebelspitze von Kiemes Scheune runterholte. Blitzschnell wurde der Kopf zwischen Mittel- und Zeigefinger mit einer kurzen Drehung abgerissen. Er ließ die Taube etwas ausbluten und verschwand damit, die Taube sicherheitshalber ins aufge-knüpfte Hemd gesteckt, in Richtung Heimat, bevor der Bau-er oder ein anderer Beobachter hätte eingreifen können.

Wie schon erwähnt, gab es damals keine funktionierende Straßenbeleuchtung, weil diese ein beliebtes Ziel war. Wenn man das Schraubglas, hinter dem sich die Birne befand, nicht traf, lieferte der emaillierte Blechschirm dahinter, das deutlich größere Objekt, bei einem Treffer ein klares Signal. Auch Porzellanisolatoren von Freileitungen waren ein beliebtes Zielobjekt, die Trefferrate war jedoch noch geringer. Wenn aber ein paar Jungen so einen Strommast eine halbe Stunde lang unter Beschuss nahmen, gab es schon mal einen Treffer. Meistens überstanden die Isolatoren so einen Treffer, doch ab und zu zersprang auch mal ein solcher. Wenn man in unübersichtlichem Gelände oder im Wald unterwegs war, sicherte man den Weg durch einen Schuss ins Unterholz oder eben in die Richtung, aus der man eventuell eine Überraschung befürchtete. Gelegentlich bestätigte ein auffliegendes Federvieh, manchmal ein ganzer Schwarm Rebhühner oder ein davon hoppelnder Hase, die Vermutung.

Man führte auch regelrecht Kämpfe aus, z. B. oben am Schacht. Die Gruppe unten in den Ruinen hatte bessere Deckung, die Gruppe oben am Feldrand konnte natürlich weiter schießen. Da man den Abschuss beobachtete und die Entfernung groß war, konnte man dem Geschoss ausweichen und es kam selten zu Treffern, nie zu Verletzungen. Zudem minderten Hose und Jacke die Durchschlagskraft der ballistischen Geschosse. In einer Unterrichtspause unten in Heygendorf kamen wir Jungen einmal auf die Idee, die noch intakten Fensterscheiben eines Seitengebäudes des Gutshofes unter Beschuss zu nehmen und systematisch zu zerstören. Wir waren allerdings beobachtet worden und so hieß es plötzlich in der nächsten Stunde: „Alle Jungen aufstehen!" Dann durften sich einige wenige nach Angabe des Zeugen wieder setzen, ich war zum Glück auch dabei. Ob ich meine Schnippe nicht dabei hatte, oder ob mich Gewissensbisse an der Beteiligung der mutwilligen Zerstörung abgehalten hatten, weiß ich nicht mehr. Auch nicht, welche Strafe oder Konsequenzen diese Aktion zur Folge hatte.

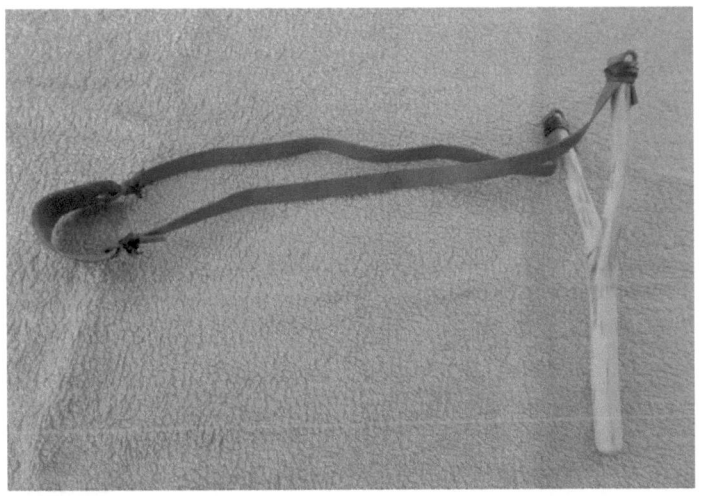

Steinschleuder

Was sonst noch explodiert und kracht

Explosionen mit entsprechendem Krach und umherfliegen-
den Teilen sind für Jungen einfach eine interessante Sache.
Zur damaligen Zeit bestanden die Köpfe von Zündhölzern
noch aus richtig explosivem Material. Ich habe es nicht aus-
probiert, aber schon der heutige Name „Sicherheitshölzer"
und die gelegentliche Mühe, ein Zündholz an der Reibfläche
überhaupt zur Entzündung zu bringen, lässt mich vermuten, dass das, was wir damals mit viel Eifer praktizierten,
heute nicht funktionieren würde. Ein Schlüssel hat bekanntlich auf der einen Seite einen Griff und auf der anderen Seite
den so genannten Bart, der bei Drehung die Verschlussvor-
richtung erfasst. Die Verbindung zwischen Bart und Griff
nennt man Halm. Um ein Schloss sicherer zu machen, hat
man Schlösser erfunden, deren Schlüssel im Halm eine Boh-
rung haben. Hat man in eine solche Bohrung das abgeschab-
te Material von ein paar Zündhölzern gefüllt, konnte man
die Füllung mit einem im Durchmesser passenden Nagel
(die Spitze abgefeilt) einigermaßen dicht verschlossen, durch
plötzliches Einschlagen zur Explosion bringen. Vor den
Kopf des Nagels und durch den Griff des Schlüssels wurde
ein Bindfaden geknotet. Mit der so entstandenen Schlaufe
wurde der Kopf des Nagels an eine Haus- oder Mauerecke
geschleudert, so dass der Nagel wie ein Bolzen in den

Schlüssel getrieben wurde. Dabei explodierte die Zündholz-füllung im Schlüssel. Nagel und Schlüssel schossen dabei auseinander, wurden aber durch den Bindfaden am Weg-fliegen gehindert. Die Explosionsvorrichtung war wieder verwendbar. Gelegentlich platzte mal ein Schlüssel auf, aber dadurch, dass Schlüssel und Nagel auseinander fliegen konnten, war das eher selten. So richtig zerrissen, dass Me-tallteile umher geflogen wären, hat es Schlüssel eigentlich nie.

Mitte der dreißiger Jahre des letzten Jahrhunderts hatte man im Flugzeugbau den Sprengniet erfunden. Man konnte da-mit zwei Metallteile, die nur von einer Seite zugänglich wa-ren, verbinden. Der Niet hatte auf der einen Seite einen Halbrund- oder Senkkopf, auf der anderen Seite eine Boh-rung, die mit explosivem Material (Sprengstoff) gefüllt war. Der Niet wurde durch die Bohrung, welche durch beide Me-tallteile ging, gesteckt. Der Kopf wurde dann durch eine Flamme erhitzt. Dadurch wurde die Füllung des Niets auf der anderen Seite zur Explosion gebracht und dieser ausei-nander gespreizt. Heute sind solche Niete nicht mehr ge-bräuchlich. Damals tauchten diese Niete, wohl Restbestände aus der Rüstungsindustrie, immer wieder mal in größeren Mengen auf. Es gab sie in unterschiedlichen Durchmessern und Längen. Sie waren durch unterschiedliche Farben, wohl auch bezüglich der unterschiedlichen Sprengwirkung, gekennzeichnet. Wir brachten die Sprengladung allerdings nicht durch eine Flamme, sondern schlicht und einfach durch Hammerschläge zur Explosion.

Karbid, im allgemeinen Sprachgebrauch ist damit Calciumcarbid gemeint, ist ein weißer, fester aber bröckeliger Stoff. Dieser reagiert, mit Wasser in Verbindung gebracht, zu dem Gas Azetylen (genauer Ethin). Dieses Gas verbrennt mit einer besonders hellen Flamme. Anfang bis Mitte des letzten Jahrhunderts wurden damit auch Fahrradlampen betrieben. Karbid war damals, obwohl die Herstellung aus Branntkalk und Koks mit hohem Strombedarf verbunden und teuer ist, durchaus handelsüblich. Für unsere Zwecke waren allerdings weniger die Brenneigenschaften des Gases interessant, als die Druckwirkung, die dabei entsteht, wenn die Gasentwicklung in einem geschlossenen Gefäß, z. B. in einer verschlossenen Flasche, stattfindet. Wir brachten damit also in erster Linie Glasflaschen zur Explosion. Ganz besonders geeignet waren die aus dickem Glas bestehenden Flaschen für das Fliegengift „Mux". Nach dem Befüllen und Verschließen einer Flasche hatte man ein paar Sekunden Zeit, in Deckung zu gehen. Einmal sauste ein Teil einer solchen Flasche von oben nur wenige Zentimeter an meinem Kopf vorbei, als ich aus der Deckung kommend, die Explosionsstelle inspizieren wollte. Ganz besonders toll war die Wirkung, wenn man eine Flasche vor der Explosion schnell in einem Haufen Asche verbuddelte. Die Staubwolke war so, wie wir uns eine Bombenexplosion vorstellten. Eine solche Aktion wurde eines Tages Scholli zum Verhängnis. Die Flasche war in der üblichen Zeit nicht explodiert und wir vermuteten einen undichten Verschluss. Da auch Flaschen rar waren, ging Scholli hin, um sie wieder auszubuddeln. Doch genau in diesem Augenblick explodierte sie und eine große Scherbe, wohl der Boden der Flasche, traf Scholli innen am Oberschenkel. Scholli blutete, wie wir damals sagten, wie ein Schwein. Irgendwie, so genau kann ich mich nicht mehr erinnern, schafften wir es mit ihm zur Gemeindeschwester, die die Wunde im Rahmen ihrer Möglichkeiten versorgte. Nicht weit von der Verletzungsstelle geht eine Schlagader vorbei. Die Narbe der Wunde, die natürlich nicht ordentlich genäht worden war, war schon damals für uns Jungen eine Mahnung und ist heute noch zu sehen.

Schiffe und Flugzeuge aus Papier

Vor allem in den kälteren Jahreszeiten gab es auch ungemütliche und regnerische Tage, in denen man lieber einer Beschäftigung in der warmen Stube nachging. Beliebt waren so genannte Ausschneidebögen aus festem Papier. Auf dieses Papier waren farbig Bauteile gedruckt, mit den dazu gehörenden Klebefalzen, die man ausschneiden musste und die sich nach Anleitung zu einem Modell zusammenkleben ließen. „Kittifix" hieß der gelbliche Kleber, den es in Tuben gab und der, wenn man schlampig arbeitete, unschöne Spuren hinterließ. Häufig gesellte sich mein kleiner Freund Franz von nebenan mit dazu und bemühte sich unter meiner strengen Aufsicht, die Konturen und die häufig gezackten Klebefalze der einzelnen Bauteile möglichst sauber auszuschneiden.

Wenn man mal in Allstedt oder Artern war, schaute man sich um, ob es ein neues Modell gab. Die Auswahl war nicht wahnsinnig groß, aber im Laufe der Jahre kamen ein ganz paar Flugzeuge und Schiffe zusammen. Reling und Takelage der Schiffe wurden durch geschnitzte Holzstäbchen und Zwirn ergänzt, so dass man auch noch individuell kreativ tätig sein konnte. Da Sigrid nur noch in den Ferien das kleine Kinderzimmer mit bewohnte, hängte ich die Schiffe an den Wänden und die Flugzeuge an der Decke ganz allein nach meinen Vorstellungen auf. Beim Putzen riss Sigrid allerdings eines Tages eines meiner Schiffe mit dem Besen herunter und beschädigte es, so dass ich mich wütend auf sie stürzte. Da sie mir als Ältere ja in jeder Beziehung überlegen war und mich gewissermaßen auch noch von oben herab behandelte, wusste ich mir in meiner Wut nicht mehr anders zu helfen, als mit einem Faustschlag. Meine rechte Gerade traf sie voll am Auge, das rot und blau anlief. Es sah schlimm aus und beinahe hätte ich noch eine Ohrfeige von meinem Vater gekriegt. Das Schlimmste für meine Schwester, die ja wochenlang mit dem die ganze Farbpalette durchwandernden Bluterguss rumlaufen musste, war aber, dass sich der Grund nicht hatte verheimlichen lassen. Sie behandelte ihren kleinen Bruder fortan mit etwas mehr Respekt.

Gelegentlich versuchte man auch mal, so ein Flugzeug ein paar Meter weit aufs Bett segeln zu lassen. Dafür waren die Modelle allerdings nicht ausgelegt und es kam nur zu unnötigen Beschädigungen. Auch probierte man, den Rumpf von Schiffen mit flüssigem Kerzenwachs wasserbeständig zu machen, um sie bei Hochwasser auf einer Wiese schwimmen zu lassen, aber auch das funktionierte nicht und verhunzte nur die Modelle. Einen gewissen Erfolg erzielte ich allerdings mit einem einfachen, nach Anleitung aus Papier gefertigten und wie beschrieben wasserdicht gemachten Schiffchen. In die Mitte stellte ich eine Kerze, über die auf ein Drahtgestell ein ausgeblasenes Ei gelegt wurde. Eines der Löcher war wieder abgedichtet worden. Das Ei wurde zur Hälfte mit Wasser gefüllt, welches sich über der Kerze erhitzte und sogar zu kochen anfing. Der aus dem offenen Loch austretende Wasserdampf trieb das Schiffchen tatsächlich an.

Der Märklin Metallbaukasten

Eines Tages, ich muss zehn oder elf Jahre alt gewesen sein, bekam ich von Achim, dem Sohn der Familie Strauß, für die mein Vater ja als Handelsvertreter arbeitete, seinen Märklin Metallbaukasten. Achim war etwas älter als seine Schwester Bärbel, die fast auf den Tag genau so alt war wie Sigrid. Das war eine tolle Überraschung. Das einzig Mühsame daran war das Dankschreiben, das von meinen Eltern von mir dafür erwartet wurde. Aber auch das schaffte ich, sicher mit deren Hilfe, irgendwie. In einer großen Schachtel aus Pappkarton gab es schön sortiert jede Menge Bauteile: Gelochte Platten, Streben und Winkelstreben unterschiedlicher Länge aus rot und grün lackiertem Stahl, viele Messingschrauben und Muttern, Wellen, Räder und allerlei Zubehör bis hin zum Kranhaken. Der Metallbaukasten stammte noch aus der Zeit vor dem Krieg und war von hoher Qualität.

Man konnte viele verschiedene Objekte damit zusammenschrauben. Der Ehrgeiz bestand häufig darin, aus den vorhandenen Bauteilen einen möglichst hohen Kran zu bauen, der auch noch stabil und standfest war. Ich kam so etwa auf einen Meter Höhe. Das Bauwerk blieb dann meist ein paar Wochen stehen, bis man sich zur Demontage entschloss, um ein neues, gelegentlich auch fahrbares Vehikel, herzustellen.

Auch an dieser Beschäftigung war mein kleiner Freund aus dem Haus häufig beteiligt.

Briefmarken sammeln

Schon mein Vater hatte Briefmarken gesammelt und da war es nahe liegend, dass man sich als Junge ebenfalls für so etwas interessierte. Durch Vaters Beruf, er achtete immer darauf, Sondermarken zu verwenden und den Briefwechsel mit der Verwandtschaft im Westen, kam man auch öfter an interessante Marken. Außerdem konnte man mit anderen Jungen doppelte Briefmarken tauschen und der Wettbewerb, wer mehr und schönere Briefmarken hatte, stachelte die Sammlerleidenschaft an. Natürlich wussten wir, dass Briefmarken unversehrt sein müssen. Sie mussten also schonend behandelt und durften nicht mit Dreckfingern angefasst werden. Wir hatten auch Briefmarkenpinzetten aus Aluminium mit abgerundeten Spitzen. Wir stellten fest, dass diese genau in eine Steckdose passten. Wenn man zwei von diesen Pinzetten, in jeder Hand eine, in die Löcher steckte, bekam man einen fürchterlichen Schlag. Früher haben Eltern und Lehrer viel seltener vor solchen oder ähnlichen potentiellen Gefahren gewarnt.

Auch von staatlicher Seite wurde durch das Drucken von Sondermarken mit allen möglichen Motiven das Sammeln von Briefmarken gefördert. Man konnte damit Geld abschöpfen, denn für alle Marken, die in Sammleralben verschwanden, musste man ja keine Gegenleistung erbringen.

Durch den Trick, einen Wert der jeweiligen Motivserie als so genannten Sperrwert mit niedrigerer Auflage zu drucken, stachelte man die Sammlerleidenschaft zusätzlich an. Diese Sperrwerte bekam man bei der Post nur gegen Vorlage eines Sammlerausweises oder wenn man ein regelrechtes Abonnement auf alle Neuerscheinungen hatte. Begehrt waren bei Sammlern allerdings vor allem Briefmarken aus dem Westen. Dort hatte sich das Drucken von Sondermarken ebenfalls eingebürgert. So waren auch kleine Jungen, die Briefmarken aus dem Westen zum Tauschen anbieten konnten, sogar bei Erwachsenen gern gesehene Tauschpartner. Als größter Briefmarkensammler am Ort galt der Inhaber der Schlosserei, der angeblich früher zur See gefahren war. Er hatte einen prächtigen Vollbart und wurde nur der „Seebär" genannt. Man bekam für eine von ihm begehrte Marke aus dem Westen viele bunte, exotische Briefmarken und durfte seine dicken Alben mit Marken aus allen möglichen Ländern anschauen. Natürlich gab es auch Briefmarkenhändler, bei denen man ein Tütchen mit einer Zufallsfüllung für wenig Geld kaufen konnte. Das war auch ein beliebtes Geschenk, z.B. für einen Kindergeburtstag. Die Briefmarken aus meiner Kindheit liegen weitgehend ungeordnet in irgendwelchen Kuverts und Kartons. Allenfalls einige Marken aus der frühen BRD, zum Teil erst nach der Flucht eingetauscht, haben heute noch einen gewissen Wert. Das Interesse an den Zeugnissen aus der analogen Zeit ist in der heutigen digitalen Welt eher gering. Aber vielleicht ändert sich das einmal wieder.

Kater Schnurr

Ein wichtiger Begleiter meiner Kindheit war Kater Schnurr. Eigentlich hatten Ernst und Franz das grau getigerte Kätzchen ins Haus gebracht. Aber dieses stellte schnell fest, dass es bei uns ruhiger zuging und es regelmäßig Futter und Streicheleinheiten gab. Bekanntlich haben Katzen ja auch kein Herrchen oder Frauchen, sondern suchen sich ihre Bediensteten gelegentlich sogar selbst aus. Ich hatte zwar vorher schon einmal ein kleines schwarz-weißes Kätzchen, aber das hatte, was mir lange verheimlicht worden war, der große Junge, der in der ersten Zeit oben im Haus gewohnt hatte, auf dem Gewissen. Jedenfalls wuchs Schnurri, der später, als Chefkater der Nachbarschaft, nur Schnurr genannt wurde, hauptsächlich bei uns auf. Auch meine Mutter kümmerte sich liebevoll um ihn und versuchte ihn sogar ein bisschen zu dressieren. Einer seiner Lieblingsplätze war die Brust meines Vaters, wenn er an den wenigen Tagen, die er zu Hause war, halb im Sessel liegend, ein Nickerchen machte. Das emaillierte Schüsselchen, aus dem ich in meiner frühen Kindheit meine Kartoffeln und Möhren gelöffelt hatte, wurde sein Fressnapf. Er verbrachte die Nacht stets draußen und kam früh mit hochgestelltem Schwanz, laut miauend grüßend, über den Hof in die Wohnung.

Wenn ihn abends die Abenteuer der Nacht riefen und er raus gelassen werden wollte, setzte er sich vor die Küchentür, die nach draußen führte. Meine Mutter hatte sich angewöhnt, von ihm vorher erst eine Demutsgeste abzuverlangen. Anfangs mit Streicheleinheiten und sanftem Druck, später genügte die Aufforderung: „Erst einmal legen". Er warf sich dann vor die Tür, gelegentlich, wenn er es eilig hatte, ärgerlich mit dem Schwanz schlagend. Wenn die Tür dann aufging, sauste er raus und die Treppe hinunter. Wenn man ihn beim Rauslassen nicht verärgert hatte, blieb er erst ein Weilchen in der Tür zwischen Treppenhaus und der Steintreppe nach unten sitzen. Er schien dann zu überlegen, wie die Nacht so gestaltet werden sollte. Dass er einen Teil der Nacht gemütlich im warmen Heu verschlief, ist wahrscheinlich. Ein Teil des Dachbodens der Gebäude an der westlichen Hofseite diente als Heuboden für Gröschls Ziegen und war über eine Anstellleiter zu erreichen. Hoch konnte er fix rennen, aber runter ging es mühsam Sprosse für Sprosse mit den Vorderpfoten voraus hüpfend, bis zu einer Höhe, von der er den direkten Absprung wagte. Das war morgens gelegentlich zu beobachten. Jedenfalls duftete Schnurr in der Früh meist nach feinem Heu.

Wenn Sonntagvormittag gekocht wurde und er roch, dass Fleisch in Vorbereitung war, stand er auf den Hinterpfoten und mit den Krallen der Vorderpfoten an der Kante des Küchentischs. Wurde ihm ein Stückchen Fleisch mit einer Flechse überlassen, fing er es auf und hatte es verschlungen, bevor noch seine Vorderpfoten wieder den Boden berührten. Wenn er aber dann am Abend nur die Fleischsoße vom Kartoffelbrei geschleckt hat, sagte meine Mutter zu ihm: „Warte nur, morgen früh wird dir der Kartoffelbrei schon schmecken". Und tatsächlich verschlang er ihn in der Früh, häufig allerdings mit regelrechter Verachtung, bis das Schälchen klapperte. Das war das Signal für eine Portion warme Milch. Er konnte gierig wie ein verhungerndes Kätzchen sein, obwohl er ein stattlicher, wohlgenährter Kater war und fünfeinhalb Kilo wog. Sein Gewicht wurde gelegentlich überprüft, indem er auf einem Kissen auf der Küchenwaage eingestreichelt worden war und dort ein Weilchen ruhig liegen blieb. Wenn der Nachbar am Wochenende ein junges Zicklein geschlachtet hatte und mein Vater zu Hause war, brachte dieser es fertig, die Därme fein säuberlich zu waschen und klein geschnippelt Schnurr zum Fressen zu geben. Einmal beobachtete ich, wie Schnurr nach einer solchen gewaltigen Mahlzeit zum Misthaufen rannte und gerade noch sein Hinterteil in Position bringen konnte, bevor sich seine Därme in einem gewaltigen Strahl entleerten.

Durch die Tore und die kaputten Fenster der Scheunen, die den Hof umgaben, konnte Schnurr natürlich auch in die Nachbarschaft. Wie weit sein Revier reichte und was er da so alles trieb, blieb uns verborgen, bis auf die schon erwähnten Ausflüge in das Petersilienbeet von Frau Jaritz. Unter einem der Scheunentore kam er nur mit Mühe durch. Auf dem Bauch liegend musste er dazu kräftig mit den Hinterpfoten strampeln. Einmal hätten ihn dabei fast die Schäferhunde erwischt, die der Schäfer bei der Rückkehr noch nicht wieder an die Leine gelegt hatte und die Schnurr wie wild vor sich her jagten. Da sie aber vor dem Scheunentor auch abbremsen mussten, um nicht dagegen zu rennen, schaffte er es gerade noch, sein Hinterteil vor dem Zubiss zu retten. Der alte Schäferhund Rolf, mit zottigem Fell und schon blind, der immer ohne Leine mitlief, erbettelte sich oft bei uns eine Scheibe Brot. Wenn er es aber wagte, die Außentreppe hoch zu kommen und Schnurr, den er ja nicht sah und sein Geruchsinn war wohl auch schon etwas gestört, saß gerade da, bekam er ein paar Ohrfeigen von Schnurr, bevor dieser seitlich an ihm vorbei huschte. Rolf nahm es verdutzt hin und wurde dann dafür mit ein paar guten Worten und einer Extrascheibe versöhnt.

Dass Schnurr ein großer Jäger war, konnten wir nur vermuten. Einmal konnte ich allerdings seinen Jagdinstinkt und sein Geschick beobachten. Gröschls Ziegen waren in der ersten Zeit in dem Stallteil neben unserem Klohäuschen untergebracht. Man hatte bemerkt, dass sich dort auch Ratten eingenistet hatten und Herr Gröschl war angetreten, um das Nest auszuräumen. Schnurrs Instinkt war geweckt. Er ahnte wohl, dass seine Dienste möglicherweise benötigt werden würden. Aufmerksam saß er an der Hausecke und beobachtete die Szene. Als plötzlich eine große Ratte, die Gröschls Schaufelschlägen entwischt war, aus dem Stall in den Hof rannte, schoss Schnurr blitzartig hinter ihr her. Er erreichte sie nach wenigen Metern, biss sie ins Genick und schüttelte sie, bis sie leblos in seiner Schnauze hing.

Kater Schnurr

Schlachtfest bei Friedrich

Wie schon erwähnt, hat damals fast jeder, der beim Haus einen kleinen Stall besaß, oder sich einen solchen durch einen kleinen Anbau geschaffen hatte, ein Schwein gefüttert. Das wurde damals mindestens ein Jahr lang gemästet und war viel größer und fetter als die heutigen Schweine. Es wog, wenn ich mich richtig erinnere, bis zu vier Zentner. Neben Garten- und Küchenabfällen fressen Schweine so ziemlich alles, besonders gern gedämpfte Kartoffeln und Kleie. Da Hammis Großvater neben den schon erwähnten Tätigkeiten auf dem Gut und später der LPG auch den dort dazu gehörenden Garten bewirtschaftete, gab es genügend Gartenabfälle und Futtermittel für das Schwein. Auch gab es rechts vom Eingang in einem kleinen Anbau vorne einen Stall und dahinter die Waschküche. Im kleinen Hof zwischen Haus und Garten sowie dem Hühnerstall stand manchmal eine Kartoffeldämpfe. Ein Kessel mit Feuerstelle darunter und seitlichem Rauchrohr. Für uns Kinder war es verlockend, den Deckel zu lupfen und so eine frisch gedämpfte Kartoffel, bei der die Schale schon aufgesprungen war, zu stibitzen und zu verspeisen. Natürlich wurde das geduldet.

Ich erinnere mich auch an eine andere Beschäftigung in diesem Zusammenhang, nämlich an das Sammeln von Rainfarnstängeln. Rainfarn ist eine aromatisch riechende Pflanze mit leuchtend gelben, in Schirmrispen angeordneten Blütenköpfen. Ihre Stängel werden getrocknet hart und stabil und sind zum Verschließen der Enden von Würsten, als so genannte Wurstspeiler, verwendet worden.

Im Vergleich zu uns Knirpsen war das Schwein, das gelegentlich beim Ausmisten auch mal eine Runde im Hof drehte, ein gewaltiges Vieh. Irgendwann dann in der kalten Jahreszeit, im November, ging es ihm an den Kragen. Da das Schlachten und Verarbeiten des Fleisches nicht nur mit viel Arbeit verbunden war, sondern auch mit gutem Essen und sicher auch mit manchem Gläschen Schnaps, kommt die Bezeichnung Schlachtfest nicht von ungefähr. Dass ich als kleiner Gast von der vielen Arbeit des Putzens und Waschens vor- und nachher und der Aufregung um die Beschaffung der Gewürze, der Organisation des Schlachters und der Fleischbeschau und der Frage, ob man es bis zum Abend schaffen wird, die Hauptarbeiten zu erledigen nur wenig mitbekam, ist logisch. Ganz abgesehen von der tagelangen Arbeit des Pökelns und Räucherns danach. Aber ich spürte die große Anspannung, die in diesen Tagen in der Familie meines Freundes Hammi herrschte.

Nachdem das Schwein mit dem Bolzenschussapparat betäubt worden war, ließ man es durch einen Stich in die Kehle ausbluten. Auch wenn unsere Arbeitskraft weniger gefragt war, konnte man dann ein wenig behilflich sein und das Blut ein Weilchen rühren, um es, bis es erkaltet war, am Gerinnen zu hindern. Später, wenn das Schwein gebrüht, enthaart und zerteilt worden war, mussten wir aufpassen, dass die Katze des Hauses und die der Nachbarschaft sich nicht an den vielen Fleischtöpfen bedienten, die überall, auch im Hof, herumstanden.

Wenn es dann endlich soweit war, dass alle sorgfältig ausgewaschenen Därme mit den unterschiedlichen Wurstmassen gefüllt und gebrüht waren, gab es wieder eine Beschäftigung für uns. Die Wurstsuppe, so nannte man die Brühflüssigkeit im Kessel, die durch die eine oder andere geplatzte Wurst gehaltvoll war, falls es daran fehlte half man nach, wurde an Nachbarn und Freunde verteilt. Der eine oder andere bekam noch kleine Blutwürste, genannt Kuttelwürste, mit hinein. Wenn ich mich richtig erinnere, waren in der gewürzten Blutfüllung noch kleine Stückchen vom Hirn. In allen Stadien der Verarbeitung wurde vom Kesselfleisch mit Sauerkraut und Knoblauch als Würze und Beilage bis zur Semmel mit frischem, gewürztem Mett viel zu essen angeboten. Auch ich, bekannt als schwacher Esser, habe daran noch gute Erinnerungen. Die Wurstsuppe mit Nudeleinlage und die Kuttelwürstchen schmeckten noch Tage danach.

Was uns Jungs noch blieb, war das Ringelschwänzchen. Das wurde dann bei nächster Gelegenheit mit einer Sicherheitsnadel Mädchen oder alten Mütterchen, an die wir uns von hinten beiläufig anschlichen, an den Mantel gehängt. Manchmal lösten wir es sogar wieder, wenn wir ein Weilchen feixend hinterhergelaufen waren, um es wiederholt zu verwenden.

Die Stricktanten und andere Verwandte

Einmal abgesehen von den nach heutigen Vorstellungen sehr bescheidenen Verhältnissen bezüglich Waschmöglichkeiten und Toilette, hatten wir eine Wohnung, in der auch Gäste ein paar Tage verbringen konnten. Im Wohnzimmer gab es eine bequeme Couch und auch auf der Pritsche in der Wohnküche konnte man eine Nacht verbringen.

In Waldersee bei Dessau, das wegen seiner Flugzeugwerke total durch Bomben zerstört worden war, lebten zwei, Tanten genannte Verwandte meiner Mutter. Sie waren etwa 20 Jahre älter als meine Eltern. Tante Anna, die ältere, war eine eher mürrische Frau ohne Kinder. Tante Emma, die jüngere, eher liebevoll, hatte einen Sohn gehabt, der als junger Leutnant bei dem wiederholten Versuch, in den letzten Kriegstagen ein für den Endsieg wichtiges Dörfchen zurück zu erobern, sein Leben lassen musste. Auch wenn wir als kleine Jungen manchmal imaginäre ruhmreiche Taten der Väter nachspielten, machte uns so etwas doch nachdenklich. Fast jedes Jahr kamen diese Tanten für etwa eine Woche zu uns, um meiner Mutter beim Flicken, Ausbessern und Ändern von Wäsche und Klamotten zu helfen. Ansonsten besserten sie ihre kleine Rente durch Stricken auf, womit sie von früh bis abends beschäftigt waren. Alle unsere Strickwaren stammten aus dieser Produktion und waren, weil es an Wolle mangelte, immer sehr eng anliegend. Was mich als kleinen Jungen allerdings immer schon ärgerte, war, dass auch meine Strickjacken auf weibliche Art zu knöpfen waren.

Dann gab es noch eine Tante Lotte, eine Art Cousine von Vater. Sie war Chefbuchhalterin in einem großen Industriebetrieb in Rathenow und besuchte uns auch später im Westen, als sie das Alter von 60 Jahren erreicht hatte, ab dem man eine Besuchserlaubnis für Reisen in die BRD bekam. Für Rentner, die drüben blieben sparte man sich ja die Rentenzahlungen. Von ihr erfuhren wir damals und später, mit welchen Problemen ein Industriebetrieb in der DDR wirklich zu kämpfen hatte. Sie schien eine der wenigen zu sein, die die tatsächlichen Zahlen des Betriebes kannte und realistisch einschätzen konnte.

Auch der Vater meiner Mutter, der mit seiner zweiten Frau und den zwei schon erwachsenen Kindern in einem Dörfchen in der Nähe von Stendal lebte, besuchte uns hin und wieder. Wenn Vater in der Region um Berlin unterwegs war, verbrachte er dort manchmal ein Wochenende. Er hackte dann einen riesigen Haufen Holz und brachte dafür ein großes Stück Schinken oder Speck mit nach Hause.

Sogar Walter, der ältere Sohn der um einiges älteren Schwester meiner Mutter, besuchte uns einmal. Ich erinnere mich genau daran, weil es an dem Osterfest war, an dem ich meinen Lederfußball geschenkt bekam. Walter war noch mit 17 Jahren zum Militär eingezogen worden und hatte eine Krankheit in englischer Gefangenschaft nur knapp überlebt. Er war der Intellektuellste und Belesenste in unserer Familie und war Lehrer geworden. Zum Glück fand der dritte Weltkrieg, den er über viele Jahre als kurz bevorstehend prophezeite, bis heute nicht statt.

Onkel Sepp und Tante Idl habe ich schon bei den Erinnerungen an meine Konfirmation erwähnt. Ihr Besuch zu diesem Ereignis war der einzige seit der Goldenen Hochzeit der Großeltern, an den ich mich erinnern kann.

Weihnachten und Jahreswechsel

Weihnachten war bei uns auch damals das größte Fest im Jahr. Vater war dann für einige Tage zu Hause. Die wochenlange Adventszeit, die in der Schule mit dem Üben der Weihnachtslieder und zu Hause mit dem Backen von Plätzchen ausgefüllt war, sorgte für eine Stimmung von Erwartung und Vorfreude. Auch war der Kirchenbesuch am Nachmittag des Heiligen Abend obligatorisch. Er war feierlich und immer mit einem Krippenspiel verbunden. Wir Kinder marschierten mit Mutti nach Heygendorf und Vati schmückte inzwischen den Christbaum. Außer den Kerzen hingen Glaskugeln und viel Lametta darauf. Letzteres wurde, solange es ging, wieder verwendet und jährlich nur um ein bisschen neues ergänzt. Außerdem wurden bunte Zuckerkringel in die Äste gehängt, die in den Weihnachtstagen nach vorher eingeholter Erlaubnis Stück für Stück von uns Kindern aufgegessen wurden. Eine Zeit lang kam ein von uns selbst gefertigter Schmuck hinzu. Lange Ketten, deren einzelne Glieder aus Buntpapier zusammengeklebt worden waren, wurden um den ganzen Baum geschlungen. Sie gaben dem Ganzen ein sehr buntes Gepräge. Auf den Fotos von den letzten Jahren sind sie nicht mehr zu sehen. Neben den Weihnachtsliedern aus dem Radio umrahmten Sigrid am Klavier und Vati mit der Geige den feierlichen Abend und natürlich wurde auch gesungen. Der bei uns heute noch übliche Kartoffelsalat war von Mutti schon am Vormittag vorbereitet worden und natürlich gab es dazu Bratwürste. Vor allem für die Kinder gab es immer irgendwelche Geschenke. Auf dem Foto vom letzten Weihnachtsfest sind meine neuen Skier deutlich zu erkennen.

Auch Silvester war in unserer Familie immer ein besonderer Feiertag. Es war nämlich der Hochzeitstag meiner Eltern, die auf dem Bild mit den Trauzeugen, einem Freund von Vater und dem Vater meiner Mutter, zu sehen sind. Wir Kinder pflegten an diesem Tag unsere Eltern mit einer kleinen Aufmerksamkeit zu überraschen. Daneben war es üblich, am Abend die neunte Symphonie von Beethoven im Radio zu hören und den Abend festlich im Familienkreis zu gestalten. So etwas wie Feuerwerk gab es damals nicht und ich glaube, der Jahreswechsel wurde im Radio durch den Schlag einer Turmuhr verkündet. Genau erinnern kann ich mich daran aber nicht mehr.

Weihnachten 1957

Hochzeitsbild meiner Eltern

Besuche im Westen

Verwandte im Westen zu haben war für die Bewohner des Ostteils von Deutschland, der am Anfang SBZ (Sowjetische Besatzungszone) und später DDR (Deutsche Demokratische Republik) genannt wurde, ein besonderes Privileg. Im Westen, der BRD (Bundesrepublik Deutschland) verwendete man noch länger, eher abfällig, den Begriff Ostzone. Abgesehen von den mit Freude empfangenen gelegentlichen Paketen mit raren Genussmitteln wie Kaffee, Kakao, Schokolade, Südfrüchten oder Gewürzen und Backzutaten, vor allem vor den Feiertagen, waren Besuche, also Reisen nach „drüben", etwas Besonderes.

Sigrid war schon 1952 oder 1953 allein bei Tante Annl und Tante Marie und ihren Familien in Kaufbeuren und Neugablonz zu Besuch gewesen. Sie liebte damals besonders die Schmelzkäseecken. Sie wurde deswegen sogar Käsemädel genannt. Auch das lockere Treiben in der Familie von Freunden meiner Eltern aus der alten Heimat, die fünf Kinder hatten, die Mittlere im Alter von Sigrid, beeindruckte sie ungemein. Von den Abenteuern zwischen den Bunkerruinen in Neugablonz mit ihrem Cousin Siegfried erzählte sie später noch oft.

Mein erster Besuch fand 1954 zusammen mit meiner Mutter statt. Es ging zu denselben Verwandten in Kaufbeuren und

Neugablonz, die uns einen schönen Aufenthalt bereiteten. Auch Onkel und Tante meiner Mutter, bei denen diese eine Zeit lang in ihrer Jugend gelebt hatte, freuten sich, uns zu sehen. Bei einem Ausflug mit Freunden meiner Eltern traf ich auch zum ersten Mal ein kleines Mädchen, das dann 17 Jahre später meine Frau wurde. Am meisten begeistert hat mich damals eine Bergtour auf den Breitenberg und den Aggenstein. Ich bin da in Sandalen raufgekraxelt, heutzutage würde das als leichtsinnig angesehen werden.

Im Herbst 1957 besuchten meine Mutter und wir Kinder die Familie eines Freundes von Vater aus seiner Kindheit in Wetzlar. Ob dabei auch schon Fluchtvorbereitungen getroffen wurden, weiß ich nicht. Erinnern kann ich mich, dass ich einen abgefahrenen Autoreifen, der jedoch noch hervorragend für eine Runderneuerung geeignet war, mit zurück brachte. So etwas war damals offensichtlich möglich.

Mein Vater hatte auf das Drängen meiner Mutter, die DDR zu verlassen, das nach dem Ableben der Großeltern und dem Besuch im Westen 1954 immer stärker geworden war, zunächst eher verärgert reagiert. Die Zeit dafür war aber dann scheinbar reif geworden.

Ein letzter Sommer

Nach der Konfirmation gab es im Mai noch ein familiäres Großereignis. Der um 22 Jahre jüngere Halbbruder meiner Mutter heiratete eine hübsche Bauerntochter aus ihrem Wohnort in der Nähe von Stendal. Das wurde mit einer großen Dorfhochzeit und vielen Gästen gefeiert. Ich war ja noch ein kleiner Junge aber natürlich bereit für jeden Unfug. Der um ein halbes Jahr ältere und schon große Halbcousin Horst kannte alle Möglichkeiten im Dorf, einen solchen zu machen und ich folgte ihm mit Freuden. Horst kannte auch das Versteck, wo seine Oma das Paket mit den Kaffeebohnen aus dem Westen aufbewahrte. So knabberten wir den ganzen Abend Kaffeebohnen und blieben fit. Den fürchterlichen Geschmack spülten wir ab und zu mit einem Likörchen runter, denn an der Theke wurden alle unsere Wünsche erfüllt. Um Mitternacht begann der Tag meines 14. Geburtstags, was ein zusätzlicher Grund zum Feiern war. Noch nie hatte ich in meinen Geburtstag hineingefeiert.

Durch die ereignisreichen Sommerwochen mit Flucht und neuer Heimat sind die Erinnerungen an die letzten Wochen in Heygendorf verblasst. Da auch einige der Schulkameraden schon in der Pubertät und größer und männlicher geworden waren, passten wir auch rein optisch nicht mehr richtig zusammen. Trotzdem erinnere ich mich daran, dass

Hammi und ich einmal allein mit dem kleinen Handwagen im Wald eine Fuhre Holz geholt haben. Das diente wohl auch ein wenig dazu, den Anschein zu erwecken, dass wir solches für den nächsten Winter noch brauchen würden.

Eines Tages war es dann soweit. Ich fuhr mit meiner Mutter zu Besuch nach Kaufbeuren und Vater und meine Schwester sollten, bevor unsere Reiseerlaubnis abgelaufen war, über Westberlin folgen. Alle meine irgendwie wertvollen Habseligkeiten wie Fernglas, Fotoapparat, Luftmatratze und vor allem das Fahrrad gingen mit auf die Reise. Ich wollte ja auch im Westen Ausflüge machen. Da wir ein paar Mal umsteigen mussten war das ganz schön anstrengend und aufregend, weil das Fahrrad jedes Mal zum Postwagen gebracht werden musste und wir auch sonst noch viel Gepäck hatten. Jedenfalls haben wir es geschafft. Später erfuhren wir dann in Kaufbeuren, dass jemand, den wir im Zug getroffen hatten und der meine Mutter von früher kannte, in Kaufbeuren herumerzählte: „Das Neumann Annl hat so viel Gepäck und drei Mäntel dabei gehabt, die fährt sicher nicht wieder zurück." Zum Glück hat sich das nicht bis in die DDR herumgesprochen. Bevor unser Interzonenpass, wie das damals hieß, abgelaufen war, hatten sich mein Vater und Sigrid nach Westberlin abgesetzt. Sie kamen mit dem

Flugzeug nach München. Auch das hatte wie geplant geklappt.

Nachwort

Ein Freund meines Vaters war uns bei der Flucht behilflich gewesen und hatte uns eine kleine Zweizimmerwohnung in Kaufbeuren-Neugablonz besorgt, so dass wir vom ersten Tag an eine Bleibe hatten und nicht durch ein Flüchtlingslager mussten. Diese Wohnung hatte zwar ein Badezimmer, aber das Badewasser musste, wie auch das Wohnzimmer über einen Holz/Kohle-Ofen erwärmt werden. Eine meiner ersten Tätigkeiten war also, mit einem Sack in den nahen Wald zu radeln und Reisig für ein erstes Vollbad in der Badewanne zu sammeln. Da ich nur vier Jahre Russisch gelernt und sonst keine Fremdsprachenkenntnisse hatte, war mir der Weg zum Abitur versperrt. Ich musste also meine Hochschuldiplome über den so genannten zweiten Bildungsweg erwerben.

1985, als ich längst eine eigene Familie mit vier Kindern hatte, bekam ich zum ersten Mal eine Einreisegenehmigung zu Verwandten in die DDR. Meine Schwester, die in Australien lebt, war gerade zu Besuch in Deutschland und setzte alles in Bewegung, um mitzukommen. Da oder obwohl sie einen britischen Pass hat, gelang es ihr und wir reisten gemeinsam mit den Auto in die DDR. Wir konnten uns frei bewegen, also fuhren wir erst einmal nach Heygendorf. Vorher machten wir aber in Roßleben halt, wo Sigrid in die Schule gegangen war. Dort vor dem Schulgebäude sprach sie ein ehemaliger Lehrer (nach 27 Jahren!) sofort mit ihrem Mädchennamen an. Es wurden noch ein paar weitere Lehrer mobilisiert und wir erhielten eine Schulführung. Aber wir mussten ja weiter. In Heygendorf schockierte uns am meisten, dass an der Helme kein Baum und kein Strauch mehr stand. Das Flüsschen war zum Abwasserkanal des weiter nördlich gelegenen Bergbau- und Industriegebiets geworden.

1988 zeigte ich meiner Familie die Heimat meiner Kindheit. Wir hatten eine Einreisegenehmigung über Westberlin zu unseren Verwandten in Dresden bekommen. Auch da gab es eine ganze Reihe besonderer Erlebnisse, von denen ich vielleicht auch noch einmal berichten werde. Nur ein Erlebnis sei hier erwähnt: Als wir auf der Rückreise noch einmal einen Abstecher nach Heygendorf machten und ich versuchte, im Konsum, da wo ich früher als Kind beim Bäcker gelegentlich ein Brot geholt habe, etwas Essbares, ein paar Semmeln oder Kekse zu kaufen, gab es absolut nichts dergleichen. In einer Tiefkühltruhe lag ein einsames gefrorenes Huhn. Wie sich herausstellte war die Verkäuferin die ältere Schwester einer ehemaligen Mitschülerin. Wir kannten uns natürlich in unserer Kindheit und sie weinte schließlich, als ich ihr sagte wer ich bin. Ich musste sie damit trösten, dass wir schon noch irgendwo auf der Rückreise etwas zu essen bekommen werden. In der DDR konnten wir allerdings keinen Platz mehr in einer Raststätte ergattern. Die extra aufgehobenen 50 Ostmark schickten wir im vorbereiteten Kuvert zurück an unsere Verwandten, denn Währung der DDR auszuführen war verboten. Keiner ahnte damals wie nah die Wende war. Seit dieser Zeit habe ich die Heimat meiner Kindheit auf privaten und beruflichen Reisen häufig besucht und das Erblühen der Landschaften und Städte in den neuen Bundesländern verfolgt. Auch wenn manch einer der dortigen Bewohner noch mehr oder anderes erwartet oder gewünscht hätte, können wir mit der heutigen Situation wohl zufrieden sein.

1998, 40 Jahre nach dem Schulabschluss in Heygendorf trafen wir uns erstmals zu einem Klassentreffen. Damals lebte noch ein Lehrerehepaar aus unserer Schulzeit. Auch 2003 und 2008, als wir das 50-jährige Konfirmationsjubiläum feierten, sahen wir uns wieder. Der Pfarrer, der uns damals konfirmiert hatte, inzwischen in den 80ern hielt die Predigt. Allerdings waren nur noch wenige der damaligen Konfirmanden Mitglieder der Kirche. 2014, der Kreis wurde immer kleiner, beschlossen wir, uns von jetzt an im 2-jährigen Rhythmus zu treffen. Bei allen Treffen versuchte ich meine Erinnerungen aufzufrischen, ebenso in gelegentlichen Telefonaten mit Franz, Hammi, Scholli und Monika. Trotzdem wird der eine oder andere etwas vermissen oder anders in Erinnerung behalten haben. Bei meinem letzten Besuch in der Region, ein Klassentreffen war nicht zustande gekommen, Grund war eine Sonderausstellung zur Goldenen Aue im Spengler-Museum in Sangerhausen, weckten ein paar Dinge besondere Erinnerungen. Zwei Bäume scheinen sich in den 60 Jahren seit meiner Kindheit überhaupt nicht verändert zu haben, die große Kastanie vor dem Schulhaus und die Rotbuche an der Nordostecke des Schaafsdorfer Friedhofs. Auf die Kastanie war meine Schwester immer geklettert, bis in die höchsten Zweige. Die Lehrersgattin, Frau Jaritz, beobachtete das ängstlich von ihrem Fenster gegenüber und petzte es unserer Mutter. Von der Buche im Friedhof war Scholli einmal gefallen. Durch die Blätter rauschend landete er nur wenige Zentimeter neben einem Grabstein unverletzt im Gras.

Der Putzsockel von unserem damaligen Schulhaus ist weitgehend abgebröckelt und darunter kommt eine schöne Sandsteinmauer zum Vorschein. Auf den verbliebenen Putzresten meine ich noch Rückstände von weißer Farbe erkannt zu haben. Wir, Hammi und ich, hatten uns bereit erklärt, eine damals schon verbleichende Parole des Sozialismus abzuwaschen. Dazu war es aber nie gekommen. Manches erledigt irgendwann der Lauf der Zeit.

Der Autor vor einem Wanderwegweiser zur Helmebrücke nach Schaafsdorf (Heygendorf)

Danksagung

Dank sagen möchte ich den vielen Autoren, die mir im Internet und speziell bei Wikipedia fast zu jedem Thema Informationen und Anregungen gegeben haben. Besonderer Dank gilt Stefan Wolle, der in dem dritten Band seiner Trilogie, „Der große Plan, Alltag und Herrschaft in der DDR 1949-1961" sachlich und anschaulich Fakten und politische Situation in der DDR dieser Zeit beschreibt. Dank gilt meiner Schwester, allen Schulfreundinnen und Schulfreunden sowie den anderen Freunden von damals, speziell den im Text namentlich Erwähnten, für den Spaß, den wir damals miteinander hatten und die Hilfe bei der Auffrischung der Erinnerung daran. Danken möchte ich auch allen anderen Menschen, soweit sie noch leben, die mich durch eine glückliche Kindheit begleitet haben. Dank gilt nicht zuletzt meiner Frau und meinen Kindern sowie deren Familien, die mich dazu ermuntert haben, das, was ich zum Teil schon oft erzählt habe, aufzuschreiben und die mir bei der Erstellung der Zeichnungen und des Manuskripts sowie bei der Bewältigung mancher Probleme mit dem Computer geholfen haben.